民泊のすべて

旅館業・特区民泊・住宅宿泊事業の制度と合法化実務

日本橋くるみ行政書士事務所 石井 くるみ

大成出版社

発行に寄せて

　少子高齢化や人口減少等によって、全国で空室や空きスペースが増加し、社会問題化しています。当協会は、その解決策の一つとして、賃貸住宅の空室を活用した民泊と旅館業の実務についての研究に取組んでいます。本年4月には、研究活動を更に進めるために、賃貸住宅管理業者とIT事業者及びシェアリングエコノミー事業者によって構成する「IT・シェアリング推進事業者協議会」を設立します。住宅宿泊事業法の施行に備え、民泊と旅館業等の適切な運営方法やルール策定、申請手続きなどの実務に関する研究を行って参ります。

　石井くるみ先生は、民泊と旅館業の実態や関連法令に精通し、当協会が平成28年6月に設置した「簡易宿所の実務者研究会」において、その豊富な専門知識を惜しみなく提供して下さいました。

　本書は、主に住宅宿泊事業法における民泊と旅館業の運営に前向きな家主と賃貸住宅管理業者のために発刊されるものではありますが、不動産関連業者や行政担当官等、関係する全ての方々にお読み頂き、民泊と旅館業の適正な市場づくりに貢献して頂くことを祈念しております。

平成30年3月

公益財団法人　日本賃貸住宅管理協会
会長　末永照雄

民泊のすべて
―旅館業・特区民泊・住宅宿泊事業の制度と合法化実務―

目　次

はじめに ……………………………………………………………… 1

第Ⅰ章　民泊の基礎知識 ……………………………………… 3

1．民泊の定義と類型 ……………………………………………… 3
　⑴　イベント民泊 ………………………………………………… 3
　⑵　旅館業型民泊 ………………………………………………… 4
　⑶　農林漁業体験民宿業（農家民宿）………………………… 5
　⑷　農家民泊（ボランティア）………………………………… 6
　⑸　外国人滞在施設経営事業（特区民泊）…………………… 6
　⑹　住宅宿泊事業 ………………………………………………… 7
2．民泊の課題 ……………………………………………………… 7
　⑴　施設の衛生面・安全面の管理 ……………………………… 7
　⑵　近隣住民とのトラブル ……………………………………… 7
　⑶　物件所有者、マンション管理組合とのトラブル ………… 8
　⑷　違法民泊の罰則規定と取り締まりの実効性 ……………… 8
3．民泊の意義 ……………………………………………………… 8
　⑴　経済的意義：観光立国の推進 ……………………………… 9
　⑵　社会的意義：空き家の有効活用 …………………………… 9
　⑶　文化的意義：異文化体験・交流の促進 …………………… 10

第Ⅱ章　旅館業法 ……………………………………………… 13

1．旅館業法とは …………………………………………………… 13
2．公法と私法の区別 ……………………………………………… 13
3．法令と条例等の関係 …………………………………………… 14
4．旅館業の定義 …………………………………………………… 16

(1) 宿泊料を徴収すること……………………………………………17
　　(2) 社会性があること………………………………………………18
　　(3) 継続反復性があること…………………………………………18
　　(4) 生活の本拠ではないこと………………………………………20
　5．旅館業法における民泊の位置付け…………………………………21
　6．旅館業法における3つの営業種別の構造設備要件………………23
　　(1) 旅館・ホテル営業………………………………………………23
　　(2) 簡易宿所営業……………………………………………………25
　　(3) 下宿営業…………………………………………………………27
　7．旅館業の営業者に課せられる義務…………………………………29
　　(1) 施設の衛生確保…………………………………………………29
　　(2) 宿泊拒否の制限…………………………………………………29
　　(3) 宿泊者名簿の備付け等…………………………………………30
　8．旅館業を営む者に対する行政権限と罰則規定……………………31
　　(1) 旅館業の営業者に対する行政権限と罰則規定………………32
　　(2) 旅館業を無許可で営む者に対する行政権限と罰則規定……33
　9．旅館業法と建築基準法及び消防法の関係…………………………33
　10．宿泊事業者規制の概観と規制緩和の流れ…………………………34

第Ⅲ章　国家戦略特別区域法に基づく外国人滞在施設経営事業（特区民泊）……………………39

　1．国家戦略特別区域法の概要…………………………………………39
　2．特区民泊の概要………………………………………………………40
　　(1) 実施地域…………………………………………………………41
　　(2) 最低滞在期間……………………………………………………41
　3．特区民泊の法的位置付け……………………………………………41
　　(1) 契約形態―借地借家法との関係………………………………43
　　(2) 旅館業法との関係………………………………………………44
　　(3) 建築基準法との関係……………………………………………45
　　(4) 消防法との関係…………………………………………………48
　　(5) 仲介業者規制―旅行業法及び宅地建物取引業法との関係…49
　4．特区民泊の特定認定要件……………………………………………51
　　(1) 実施地域の確認…………………………………………………51

⑵　居室の構造設備……………………………………………52
　⑶　区分所有建物における管理規約…………………………52
　⑷　賃借又は転借建物における転貸禁止条項………………55
 ５．特定認定の申請手続……………………………………………55
　⑴　保健所への事前相談………………………………………56
　⑵　建築確認課への事前相談（必要な場合のみ）…………56
　⑶　消防署との調整……………………………………………56
　⑷　近隣住民への事前説明……………………………………56
　⑸　認定申請……………………………………………………59
　⑹　事業開始……………………………………………………60
 ６．行政による監督権限……………………………………………62

第Ⅳ章　住宅宿泊事業法 ……………………………………65

 １．住宅宿泊事業法の目的と概要…………………………………65
 ２．住宅宿泊事業とは………………………………………………66
　⑴　住宅の定義…………………………………………………66
　⑵　宿泊及び宿泊料の定義……………………………………68
　⑶　旅館業法に規定される営業者の定義……………………68
　⑷　人を宿泊させる日数の定義………………………………68
 ３．住宅宿泊事業の法的位置付け…………………………………69
　⑴　旅館業法及び旅行業法との関係…………………………69
　⑵　契約形態（私法上の位置付け）―特区民泊との比較……70
　⑶　区分所有法との関係（マンション標準管理規約の改正）…71
　　①　マンションで住宅宿泊事業を可能とする場合の検討事項………72
　　②　マンションの実情に応じたその他の規約文言例……72
　　③　マンション標準管理規約と旅館業の許可を得た民泊、違法
　　　　民泊等との関係………………………………………72
　　④　管理規約上に民泊を禁止するか否かが明確に規定されてい
　　　　ない場合の取扱い……………………………………75
　⑷　建築基準法及び都市計画法との関係……………………75
　⑸　消防法との関係（家主同居型の届出住宅における緩和措置）……77
 ４．自治体の条例による住宅宿泊事業の実施の制限……………79
 ５．住宅宿泊事業法における業者規制の制定背景………………80

(1)　プラットフォーマー……………………………………………………81
　　(2)　住宅提供者……………………………………………………………83
　　(3)　民泊運用代行会社……………………………………………………83
　6．住宅宿泊事業法における業者規制……………………………………85
　　(1)　住宅宿泊事業者………………………………………………………85
　　　①　届出住宅の管理委託の要否………………………………………85
　　　②　住宅宿泊事業の適切な実施のための業務………………………87
　　　③　標識の掲示義務……………………………………………………89
　　　④　届出書の記載事項と添付書類……………………………………90
　　　⑤　都道府県知事等への報告義務……………………………………93
　　　⑥　住宅事業者宿泊による宿泊拒否…………………………………94
　　(2)　住宅宿泊管理業者……………………………………………………94
　　(3)　住宅宿泊仲介業者……………………………………………………95
　7．各業の欠格事由・登録拒否要件………………………………………96
　8．事業者に対する監督規定………………………………………………99
　　(1)　住宅宿泊事業者に対する監督………………………………………99
　　(2)　住宅宿泊管理業者に対する監督……………………………………100
　　(3)　住宅宿泊仲介業者に対する監督……………………………………101
　9．事業者への罰則規定……………………………………………………102
　10．住宅宿泊事業法の限界…………………………………………………104

第Ⅴ章　民泊合法化の実務……………………………………………107

　1．旅館業法、建築基準法、消防法の相互関係…………………………107
　2．旅館業法に基づくの営業許可申請の流れ……………………………109
　　(1)　各機関（保健所、建築指導課、消防署）との事前相談……………109
　　(2)　旅館業施設の建築計画の公開、住民説明等（要綱等の定めが
　　　ある場合のみ実施）……………………………………………………109
　　(3)　学校等への意見照会…………………………………………………111
　　(4)　建築確認申請（100㎡を超える用途変更又は新築の場合）………112
　　(5)　消防法令適合通知書の交付申請……………………………………113
　　(6)　旅館業の営業許可申請………………………………………………113
　3．戸建住宅における簡易宿所営業許可の取得…………………………114
　　(1)　旅館業法………………………………………………………………116

		① 客室面積……………………………………………… 116

- ① 客室面積……………………………………………… 116
- ② 窓面積………………………………………………… 116
- ③ 玄関帳場……………………………………………… 118
- ④ 便器等個数…………………………………………… 118

(2) 建築基準法……………………………………………… 120
- ① 用途地域等（都市計画法）………………………… 120
- ② 用途変更の建築確認申請…………………………… 121
- ③ 耐火建築物等要求…………………………………… 124
- ④ 窓先空地……………………………………………… 126
- ⑤ 界壁、防火上主要な間仕切壁……………………… 127
- ⑥ 非常用の照明装置…………………………………… 128
- ⑦ 屋内階段の寸法……………………………………… 130
- ⑧ 内装制限……………………………………………… 130
- ⑨ 廊下の幅……………………………………………… 131

(3) 消防法（一般住宅の全部を簡易宿所とする場合）…… 133
- ① 自動火災報知設備…………………………………… 133
- ② 誘導灯及び誘導標識………………………………… 135
- ③ 消火器………………………………………………… 137

(4) 消防法（一般住宅の一部を簡易宿所とする場合）…… 138
- ① 建物全体が一般住宅となる場合…………………… 138
- ② 建物全体が16項イの複合用途防火対象物となる場合……… 138
- ③ 建物全体が5項イの防火対象物となる場合……… 139

(5) 戸建住宅における簡易宿所許可の実例解説…………… 140
- ① 用途地域と耐火建築物要求のチェック…………… 140
- ② 構造設備要件のチェック…………………………… 141
- ③ 消防用設備の設置…………………………………… 143

4. 共同住宅における特区民泊認定／旅館・ホテル営業許可の取得…… 146

(1) 旅館業法………………………………………………… 142
- ① 客室面積……………………………………………… 146
- ② 窓面積………………………………………………… 146
- ③ 玄関帳場……………………………………………… 146
- ④ 便所等個数…………………………………………… 148
- ⑤ 最低客室数…………………………………………… 148

	(2)	建築基準法………………………………………………………	149
		① 容積率の緩和…………………………………………………	149
		② 用途地域、実施地域……………………………………………	151
		③ 用途変更の確認申請……………………………………………	151
		④ 耐火建築物等要求…………………………………………	151
		⑤ 窓先空地…………………………………………………	152
		⑥ 界壁・防火上主要な間仕切壁………………………………	152
		⑦ 非常用の照明装置………………………………………	153
		⑧ 内装制限……………………………………………	153
		⑨ 排煙設備……………………………………………	153
	(3)	消防法（共同住宅の全部を宿泊施設化する場合）………………	154
		① 自動火災報知設備………………………………………	154
		② 誘導灯………………………………………………	155
		③ 消火器………………………………………………	156
		④ スプリンクラー設備……………………………………	156
	(4)	消防法（共同住宅の一部を宿泊施設化する場合）………………	157
		① 自動火災報知設備………………………………………	157
		② 誘導灯及び誘導標識……………………………………	159
		③ 消火器………………………………………………	159
		④ スプリンクラー設備……………………………………	160
	(5)	消防法（共同住宅の宿泊施設化による防火管理関係への影響）…	162
	(6)	共同住宅における旅館・ホテル営業許可の実例解説………………	163
		① 用途地域と耐火建築物要求のチェック…………………	164
		② 容積率のチェックと許可申請範囲の決定………………	164
		③ 玄関帳場の設置と客室の構造設備要件の具備…………	165
		④ 用途変更の確認申請……………………………………	166
		⑤ 消防用設備の設置………………………………………	166
		⑥ 旅館・ホテル営業の許可証交付までの流れ………………	166
5．	許認可手続きと行政手続法……………………………………………		167
	(1)	審査基準…………………………………………………	167
	(2)	旅館業の許可申請と行政指導………………………………	167
	(3)	不許可の場合の対応…………………………………………	168

第Ⅵ章　民泊と地方創生 ……………………………… 171
1. イベント民泊から始める民泊起業………………………… 171
2. イベント民泊………………………………………………… 172
　(1) イベント民泊の実施条件……………………………… 172
　　① 年数回程度（1回当たり2～3日程度）のイベント開催時
　　　 であること………………………………………………… 172
　　② 宿泊施設の不足が見込まれること…………………… 172
　　③ 開催地の自治体の要請等により自宅を提供するような公共
　　　 性の高いものであること……………………………… 172
　(2) イベント民泊の実施方法……………………………… 173
　　① 自治体における意思決定……………………………… 173
　　② 自宅提供者への要請（外部委託の選択を含む）…… 173
　　③ 自宅提供者に対する事前研修の実施等……………… 175
　　④ イベント期間中の苦情対応…………………………… 177
　　⑤ イベント後の実施状況の報告………………………… 177
　(3) イベント民泊活用のポイント………………………… 177
3. 家主同居型の住宅宿泊事業（ホームシェア）…………… 178
　(1) 家主同居型の住宅宿泊事業のメリット……………… 178
　　① 初期投資をほとんど要さず開業できる……………… 179
　　② 日常家事の延長線上で業務を遂行できる…………… 179
　(2) 家主同居型の住宅宿泊事業活用のポイント………… 180
4. 農林漁業体験民宿業（農家民宿）………………………… 181
　(1) 農山漁村余暇法の概要………………………………… 181
　(2) 農林漁業体験民宿業の定義…………………………… 181
　(3) 農家民宿に適用される規制緩和措置………………… 183
　　① 旅館業法（客室延床面積要件の撤廃）……………… 183
　　② 建築基準法及び都市計画法（住宅扱いの継続）…… 184
　　③ 消防法（消防庁又は消防署長の判断による要件緩和）… 185
　(4) 農家民宿と道路運送法の関係………………………… 185
　(5) 農家民宿と旅行業法の関係…………………………… 186
　(6) 農家民宿活用のポイント……………………………… 186

① 農林漁業者以外の個人又は法人による農家民宿の活用………… 186
　　② 宿坊における農家民宿又は住宅宿泊事業の活用………………… 187
あとがき………………………………………………………………………… 191

はじめに

　日本政府観光局（JNTO）の発表によると、2017年の訪日外国人旅行者数は前年比19.3％増の2,869万人となり、統計を取り始めた1964年以降で最多となりました。

　2020年の訪日外国人旅行者数を4,000万人とする政府目標の達成に向け、日本政府は、観光産業を革新し、国際競争力を高め、我が国の基幹産業とするため、観光産業を取り巻く様々な規制の見直しに取り組み続けています。

　観光産業の中でも、特に宿泊ビジネスの分野においては、訪日外国人旅行者の増加を受けて急速に普及した「民泊」を巡り、2016年以降、その合法化を推進するための旅館業法の改正や新しい制度の創設が相次ぎました。

　民泊を巡って、急激に変化し複雑化する法規制を読者が正確に理解し、ビジネスや地方創生に活用できるよう、制度と実務の両観点から体系的に解説することが本書の目的です。

　まず、第Ⅰ章「民泊の基礎知識」では、我が国で営まれる民泊を制度ごとに6つに類型化し、各制度の概要を解説するとともに、民泊を巡る法改正等の背景となった民泊の課題と意義を解説しています。

　第Ⅱ章では、我が国における宿泊サービスを規制する旅館業法について、公法と私法の区別、一般法と特別法の関係、法令と条例等の関係を示した上で、同法における「旅館業」に該当する行為の定義を詳細に記述しました。「旅館業」の定義が重要となるのは、旅館業法、国家戦略特別区域法、住宅宿泊事業法の3つから成る我が国の宿泊事業者規制は、「旅館業」に該当する行為を営む者に対して適用されるためです。そして、旅館業法と建築基準法・消防法といった諸法令との相互関係に基づき、旅館業に課せられる規制の厳しさを説明することで、新しい民泊制度の創設による規制緩和の意義を明らかにしています。

　第Ⅲ章では、新しい民泊制度として、2016年1月に東京都大田区で初めて導入された、国家戦略特別区域外国人滞在施設経営事業（特区民泊）の法的位置付けと制度内容を解説しています。特区民泊は、その実施地域が国家戦略特別区域内の一部に限定されるものの、特定認定（許可）の受け易さと、2泊3日に短縮された最低滞在期間の営業制限とのバランスの観点からは、本書を執筆している2018年3月現在で最も事業化に適した制度です。また、

この章では、旅行業法と住宅宿泊事業法から構成される我が国の宿泊仲介業者規制について、旅館業法との関係の観点から、宅地建物取引業法との規制対象の違いを説明しています。

　第Ⅳ章では、民泊を全国的に解禁する制度として2018年6月15日に施行される住宅宿泊事業法について、同法により新たに定義された「住宅宿泊事業」の法的位置付けとともに、民泊の適正な運営確保のために導入された「住宅宿泊事業者」「住宅宿泊管理業者」「住宅宿泊仲介業者」に対する業者規制を、制度の制定背景を踏まえ解説しています。住宅宿泊事業には、年間180日の営業制限がありますが、同事業には、実施地域の制限はなく、日本全国で簡易な「届出制」による事業開始が可能であるため、週末等の空き時間を活用した民泊起業の推進や地方部における空き家対策等、必ずしも年間180日超の稼働を必要としない分野での制度活用が期待されます。

　第Ⅴ章は、第Ⅱ章から第Ⅳ章までの制度解説を踏まえ、民泊合法化の具体的な実務論点を、戸建住宅と共同住宅のそれぞれについて、旅館業法・建築基準法・消防法等の関係諸規制の根拠条文に基づき、実例を交えながら解説しています。

　最後の第Ⅵ章では、地方部で特に役立つと考えられる民泊制度として、イベント民泊、家主同居型の住宅宿泊事業及び農林漁業体験民宿業（農家民宿）の3つを解説するとともに、各制度の地方創生への活用方法を考察しています。

　本書は特に断りがない限り、2018年1月末までに公布又は発出された法令・通知等に基づき書かれています。そのため、例えば、2017年12月15日に公布された旅館業法の一部を改正する法律の施行日は、2018年6月15日ですが、本書では公布日を基準として、新しい旅館業法を解説しています。

　なお、2018年3月に公表された建築基準法の一部を改正する法律案と消防法施行規則等の一部を改正する省令案等については、将来の民泊合法化の実務に大きな影響を与える可能性があるため、第Ⅴ章で各改正案の主な内容を解説しています。

第Ⅰ章 民泊の基礎知識

1．民泊の定義と類型

　民泊とは、住宅（戸建住宅、共同住宅等）の一部又は全部を活用して提供される宿泊サービスをいいます。自宅の空き部屋や投資用マンションの空室を他人に提供することはもちろん、お盆や正月に親戚を自宅に泊めることも民泊に該当します。

　この民泊を継続反復して有償で行う場合、我が国においては旅館業法の許可が必要となります。例えば、近年急増したインターネットを通じて宿泊客に住宅を提供する民泊は、継続反復かつ有償の宿泊サービスに当たるため、旅館業法の許可が必要です。

　本稿の執筆時現在で、我が国の制度上合法的に認められる民泊の類型は、図表1—1に掲げる6つです。

図表1—1：我が国における合法的な民泊の類型

民泊の類型	旅館業法の適用	宿泊日数等の制限	制度開始時期
(1) イベント民泊	なし ∵継続反復性がないため	年1回、2〜3日程度	2015年7月
(2) 旅館業型民泊	あり	なし	2016年4月 2018年6月 （要件緩和）
(3) 農家民宿	あり （ただし要件緩和）	なし	2003年4月
(4) 農家民泊 （ボランティア）	なし ∵有償性がないため	—	—
(5) 特区民泊	特別に除外	2泊3日以上	2016年1月
(6) 住宅宿泊事業	特別に除外	年間180日まで	2018年6月

出所：日本橋くるみ行政書士事務所作成

(1) イベント民泊

　イベント民泊とは、年1回（2〜3日程度）の公共性の高いイベント開催時であって、宿泊施設の不足が見込まれることにより、開催地の自治体の要請等により自宅を提供するものをいい、厚生労働省が2015年7月1日に発出

した事務連絡により、イベント民泊は、旅館業法の適用除外であることが明確化されました[1]。

イベント民泊は、住宅を宿泊客に有償で提供しますが、継続反復性はないため旅館業法の許可は不要です。

日本で最初のイベント民泊は、2015年12月、福岡市が嵐と EXILE のクリスマスコンサート公演期間中の5日間に実施しました。翌2016年は、沖縄県沖縄市がプロ野球の広島東洋カープの沖縄キャンプ中に10日間、青森県五所川原市がたちねぷた期間中に7日間にわたってイベント民泊を実施しました。2017年7月1日付の事務連絡ではイベントの日数を「2～3日程度」としていますが、これはあくまで目安であり、イベント開催期間が3日を超える場合であっても、自治体の判断によって旅館業法が適用されないイベント民泊として取り扱うことができます[2]。

イベント民泊の詳細は第Ⅵ章を参照ください。

(2) 旅館業型民泊

旅館業型民泊とは、民泊のうち、旅館業法に基づく「簡易宿所営業」又は「旅館・ホテル営業」の許可を受けて行うものをいいます。2016年4月に旅館業法施行令の一部が改正され、それまで簡易宿所営業で必要だった33㎡の客室延床面積の要件等が緩和され、小規模住宅でも旅館業法の許可を得やすくなりました。毎年多くの外国人旅行者が訪れる京都市では、中古住宅を改装して簡易宿所型民泊を行う施設が近年急増しています（図表1－2）。

図表1－2：京都市における旅館業の新規許可施設数

宿泊施設の種類	2015年3月末	2016年3月末	2017年3月末	2017年12月末
簡易宿所営業	466軒	692軒	1,493軒	2,106軒
ホテル営業	162軒	163軒	182軒	205軒
旅館営業	380軒	369軒	368軒	366軒

出所：京都市「許可施設数の推移（平成29年12月末現在　速報値）」

また、2017年12月には旅館業法の一部が改正され、従前の許可形態である「ホテル営業」と「旅館営業」が旅館・ホテル営業に統合され、最低客室数

---

[1] 平成27年7月1日付厚生労働省健康局生活衛生課事務連絡「規制改革実施計画への対応について」及び同年9月1日付厚生労働省健康局生活衛生課事務連絡「「規制改革実施計画（平成27年6月30日閣議決定）に基づくイベント開催時の旅館業法上の取扱いについて」」を参照。

[2] 平成28年4月1日　観光庁観光産業課、厚生労働省医薬・生活衛生局生活衛生・食品安全部生活衛生課「イベント民泊ガイドライン」2－(2)－ア「イベントの開催期間について」を参照。

を含む様々な構造設備要件が緩和されました。簡易宿所営業と異なり、旅館・ホテル営業では、多数人で共用する構造設備が要求されないため、例えばワンルームマンションの1室において、トイレの増設等を行うことなく旅館・ホテル営業の許可を受けることができます。今後は、施設を1つの宿泊者グループに貸し切る形態の民泊において、簡易宿所営業ではなく旅館・ホテル営業の許可を受けることが一般的になっていくでしょう。新しい旅館業法は、住宅宿泊事業法と同じ2018年6月15日に施行されます。

これら旅館業型民泊は、旅館業法の許可を得ているため、民泊を継続反復して有償で行うことが認められます。ただし、旅館業型民泊を営むには、旅館業法、建築基準法といった厳しい規制を遵守しなければなりません。旅館業法の制度と許可要件は、第Ⅲ章と第Ⅴ章をそれぞれ参照ください。

(3) 農林漁業体験民宿業（農家民宿）

旅館業法の許可を得た施設のうち、農山漁村滞在型余暇活動のための基盤整備の促進に関する法律に基づく農林漁業体験民宿業を営むものを「農家民宿」といいます。2003年4月に行われた旅館業法施行規則の改正により、農家民宿については、2016年4月の旅館業法施行令の改正に先駆け、簡易宿所営業の許可に必要な客室延床面積の要件が緩和されました。その後も農家民宿に関する規制緩和が続き、2016年4月の旅館業法施行規則の改正では、農家民宿を営める者の範囲が農林漁業者以外の個人にも拡大され、続く2017年1月の同規則改正では、農家民宿を営める者の制限が撤廃されるとともに、営業者の居宅以外の施設における「家主不在型」の営業が認められるようになりました。農家民宿は旅館業法の許可を得ているため、民泊を継続反復して有償で行うことが認められます。

農家民宿に対する旅館業法等の規制緩和の結果、2003年以降、農家が自宅を宿泊施設とて活用し、宿泊客に農業体験を提供する「グリーン・ツーリズム」が広がりました。農家民宿では、田植え・稲刈り体験、カブトムシ取り、そば打ち体験やオーガニック旬野菜を使った手作りピザ体験等、各地域の自然を活かした体験型の旅を楽しむことができます（図表1－3）。

図表1－3：農家民宿における体験プログラムの例

区　分	時　期	メニュー
食体験	春～夏	山菜採り、お茶摘み、梅ジュース、梅干しづくり
	秋～冬	栗拾い、焼き芋、干し柿づくり、餅つき、味噌づくり
自然体験	春～夏	里山散策、川遊び、星空観察、クワガタ採り
	秋～冬	紅葉狩り、キノコ狩り、雪遊び
農林漁業体験	春～夏	田植え、夏野菜づくり、梅の収穫、魚釣り、山の下草刈り
	秋～冬	稲刈り、芋掘り、みかん収穫、人工林の間伐、炭焼き

出所：近畿農政局「すぐ始められる6次産業化のすすめ」より抜粋

農家民宿の詳細は第Ⅵ章を参照ください。

(4) 農家民泊（ボランティア）

農家民宿と混同されがちな民泊の類型として農家民泊があります。厚生労働省が2011年2月に発出した通知[3]において、農家民宿は「有償で不特定多数の他人を宿泊させる」ため旅館業法の許可が必要となる一方、農家民泊は「教育旅行など生活体験等を行い、無償で宿泊させる」ため旅館業法の適用対象とならない旨が記載され、両者の区別が明確化されています。

最近では学校の修学旅行として、農業・漁業体験型の民泊が人気を集めていますが、その多くは一般家庭がボランティアで学生を受け入れる農家民泊に該当します。また、お寺で座禅等の修行体験を提供する宿坊も、宿泊者から食事等の実費のみを徴収する場合には旅館業法の許可は不要です（ただし、近年では宿泊客から一定の料金を徴収する宿坊が増加しており、このような有償性のある宿坊開業には旅館業法の許可が必要となります）。

(5) 外国人滞在施設経営事業（特区民泊）

国が定めた国家戦略特別区域（以下、「特区」）で実施できる事業の1つに外国人滞在施設経営事業（以下、「特区民泊」）があります。2016年1月に全国で初めて条例を施行した東京都大田区に続き、同年中に大阪府、大阪市及び北九州市が特区民泊制度を開始しました。特区民泊を行おうとする事業者が、一定の要件を満たす住宅において都道府県知事から特区民泊の特定認定を受けると、当該住宅で行う一定期間以上の民泊は旅館業法の適用除外となり、民泊を継続反復して有償で行うことが認められます。この一定期間は、3日から10日までのまでの範囲内において、特区に指定された自治体の条例

---

[3] 平成23年2月24日健衛発0224第1号「無償で宿泊させる場合の旅館業法の適用について」を参照。

により決定されます。

特区民泊は、旅館業法の適用除外とされ、旅館業法、建築基準法等の厳しい規制の適用を受ける簡易宿所型民泊に比べて営業許可を受けやすい制度となっています。特区民泊の詳細は第Ⅲ章を参照ください。

(6) 住宅宿泊事業

2017年6月に公布された住宅宿泊事業法において、住宅に人を年間180日を超えない範囲で宿泊させる事業として住宅宿泊事業が新たに定義されました。住宅宿泊事業は旅館業法の適用除外となり、民泊を継続反復して有償で行うことが認められます。住宅宿泊事業法は、我が国における民泊制度を抜本的に見直す新たな規制枠組みであり、後述する民泊を巡る様々な課題の解決につながることが期待されています。住宅宿泊事業法の施行期日は2018年6月15日であり、同日から住宅宿泊事業の営業が可能となります[4]。

住宅宿泊事業法の詳細は第Ⅳ章を参照ください。

2．民泊の課題

近年急速に法整備が進んでいる民泊ですが、前述の合法的な民泊の類型のいずれにも該当しない、旅館業法の許可を得ずに実施される違法な民泊の広がりが社会問題となっています。違法民泊を巡っては、様々な課題が指摘されています。

(1) 施設の衛生面・安全面の管理

宿泊施設には、様々な国から不特定多数の人々が訪れるため、感染症・害虫対策といた衛生面の管理と、テロ等悪用防止といった安全面の管理が重要となります。違法民泊では、実際に感染症や犯罪が発生した際に、感染・犯罪ルートが十分に特定できないリスクが指摘されています。施設の衛生面・安全面の管理のため、特区民泊及び住宅宿泊事業を営む事業者には、旅館業法に準じた一定の衛生管理基準の確保及び宿泊者名簿の作成・備付けが義務付けられます。

(2) 近隣住民とのトラブル

民泊が住宅街で営まれる場合には、騒音やゴミ出しにより、宿泊客と近隣住民とのトラブルに発展するケースが多く発生します。住宅街での営業が想定される特区民泊及び住宅宿泊事業では、近隣住民とのトラブルを防止・解消するため、特区民泊の事業者には近隣住民への事前説明及び苦情への対応

---

[4] 平成29年10月27日公布「住宅宿泊事業法の施行期日を定める政令」に規定。

が、住宅宿泊事業の事業者には宿泊客に対する注意事項の説明、住宅の見やすい場所への標識掲示及び苦情への対応が義務付けられます。

(3) 物件所有者、マンション管理組合とのトラブル

　民泊を巡っては、旅館業法の許可を得ない違法営業という公法上の問題に加え、利害関係者の承諾を得ない無断営業という私法上の問題も生じています。

　典型的には、賃借物件において賃貸人からの転貸承諾を受けずに民泊が営まれるケースと、区分所有建物（分譲マンション）において管理組合から承諾を受けずに民泊が営まれるケースの2つが挙げられます。このようなケースでは、近隣住民からの苦情等により民泊行為が発覚すると、施設運営者と賃貸人やマンション管理組合との間でトラブルが生じ、賃貸借契約の解除や、民泊行為の差し止め請求が行われることがあります。賃貸物件の所有者やマンション管理組合とのトラブルを防止するため、特区民泊及び住宅宿泊事業では事業の認定又は届出にあたり、転貸物件の場合には、賃貸人及び転貸人全員の承諾が、マンションの場合には、管理規約に民泊を禁止する条項や管理組合の決議等がないことを証する書類の提出が必要とされます。

(4) 違法民泊の罰則規定と取り締まりの実効性

　2017年12月改正前の旅館業法では、無許可営業の罰則は3万円以下の罰金又は6ヶ月以下の懲役と定められていました。また、同改正前の旅館業法では、無許可営業施設に対する行政の立入検査等の権限が定められていませんでした。これらの点について、①昭和23年の旅館業法制定以来改正されていない僅少な罰金額では、違法民泊の抑止には不十分である点、②行政に無許可営業施設への立入検査等の権限がないと、違法民泊摘発の実効性が確保されない点が指摘されました。違法民泊の抑止と取り締まりの実効性を確保するため、2017年12月に成立した旅館業法の一部を改正する法律により、①無許可営業の罰則として、罰金額の100万円への引上げ及び罰金刑と懲役刑の併科が設けられるとともに、②都道府県知事等に対して無許可営業施設への立入検査権限等が付与されました。当該改正は、2018年6月15日に施行されます。

3．民泊の意義

　違法営業の広がりから一部ではネガティブな印象を抱かれることもある民泊ですが、適法な民泊の普及には、次のような経済的、社会的及び文化的意

義があるといわれています。

(1) 経済的意義：観光立国の推進

　2011年から続く訪日外国人旅行者の急増（図表1－4を参照）を背景として、民泊が新たな宿泊ニーズの受け皿となることで、日本滞在の魅力向上や観光産業の活性化等につながることが期待されています。個別の消費者（旅行者）及び供給者（住宅所有者）の観点からは、民泊は、ホテルよりリーズナブルな料金で宿泊できる新しいサービスであるとともに、一般賃貸よりも高い運用利回りを期待できる新しい不動産の運用形態と位置付けられます。

図表1－4：訪日外国人旅行者数と訪日外国人旅行消費額の推移

出所：観光庁

(2) 社会的意義：空き家の有効活用

　地域の人口減少や都市の空洞化により増加している空き家を、民泊施設として有効活用することで、地域の安全確保や観光産業活性化につながることが期待されます。2017年4月には、徳島県阿南市に災害時は無料の避難所となる宿泊施設「坊主の宿」が開設され、空き家を観光と防災に活かす全国初の「シームレス民泊」の取り組みとして注目されました（図表1－5）。この施設は、同市に所在する平等寺の境内にある庫裏（住職らの住居）を活用した宿坊であり、希望者は、寺院で行われる座禅等に参加することもできます。

　また、同じく2017年4月、全国初の特区民泊を導入した大田区では、入院を要する小児患者を持つ家庭の経済的負担を軽減するため、行政、民泊事業者、地域の大学病院の三者間で、付き添い家族の滞在先に特区民泊施設を活用する協定を締結しました。このように、民泊を社会インフラとして活用する事例が全国各地で出始めています。

図表1—5:シームレス民泊の目的

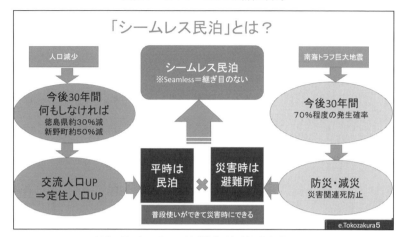

出所:2017年4月18日付「徳島県規制改革会議の取組について」より抜粋

(3) 文化的意義:異文化体験・交流の促進

　日本文化に興味を持つ訪日外国人旅行者にとって、日本人が暮らす住宅に滞在する民泊は、日本の日常的な生活を味わうことができる異文化体験の価値があるといわれています。特に、家主が居住する住宅の一部を提供するホームステイ型の民泊では、家主と旅行者との間の交流促進が期待されます。

　民泊は、様々な課題を抱えつつも、我が国の経済的及び社会的発展を支える重要な存在となりつつあります。次章では、我が国の宿泊事業者規制の中核を成す旅館業法を解説します。

　旅館業法は、施設の構造設備の基準等、法令の一部を条例に委ねる地方分権色の強い制度であり、自治体によって構造設備等の許可要件が大きく異なります。本書では、全国の主要自治体における民泊許可(旅館業の許可又は特区民泊の特定認定)要件等のポイントをコラム形式で解説します。

> **コラム** 自治体別・民泊許可要件等の研究①

「京都市」
……簡易宿所が急増した合法民泊の先行地域

　四季の自然が織りなす美しさと「和」の伝統文化を堪能できる京都は、日本が世界に誇る観光都市。特に春の桜、夏祭り、秋の紅葉シーズンは多くの外国人観光客で賑わいます。

　近年の宿泊需要の増加に伴い、京都でも旅館業の許可を得ずに営業する違法民泊が増加しました。京都市は2016年7月に「民泊通報・相談窓口」を開設し、近隣住民からの提供情報に基づき、違法な民泊施設を特定し、無許可営業者に対する許可取得又は営業停止の指導を行っています。

　このように、京都市は違法民泊に厳しい態度で臨んでいますが、その一方で、民泊の合法化が急速に進んでいる自治体の一つです。

　民泊の合法化が進む背景として、京都には「京町家」に対する簡易宿所の構造設備基準の緩和措置があります。京都市旅館業法施行細則第8条に基づき、建築基準法が施行された1950年11月23日に現存していた京町家のうち、一定の要件を満たすものは、簡易宿所営業の許可取得にあたり玄関帳場の設置が不要とされます。また、「京都市空き家活用・流通支援等補助金」制度により、京町家で旅館業法に基づく許可を受ける場合には、改修工事にかかる費用の2分の1（上限60万円）の補助金を受け取ることができます。

　また、細則第8条の京町家に該当しない簡易宿所営業の施設では玄関帳場の設置が義務付けられるものの、定員5名以下の場合には、トイレ設置は1個でよいとされています。そのため、玄関帳場を確保できる広さのある戸建住宅では、比較的容易に簡易宿所営業の許可を取得することができます。

　違法民泊への厳しい取り締まりと、簡易宿所営業の許可が受け易い規制環境が相まって、京都市では、前述の図表1─2に示したとおり、この数年間で簡易宿所施設数が急増しています。

　京都は、多数の簡易宿所が存在する合法民泊の先行地域であり、和のテイストを取り入れた魅力的な簡易宿所が多数存在します。今後、日本各地で民泊事業に取り組まれる方々は、京都の先行事例を研究されることをお勧めします。

第Ⅱ章　旅館業法

1．旅館業法とは

　旅館業法は、戦後間もない1948年（昭和23年）、旅館業の適正な運営確保等により旅館業の健全な発達を図るとともに、利用者の高度かつ多様なニーズ対応したサービスの提供を促進することで公衆衛生及び国民生活の向上に寄与することを目的として制定されました。同法は、旅館業を「施設を設け、宿泊料を受けて、人を宿泊させる営業」と定義し、行政の許可なく旅館業を営むことを禁止する「許可制」を採用しています。旅館業法は、厚生労働省が所管する法律ですが、地方分権が進んだ制度であり、その実務運用の大部分は法令の委任等により、地方公共団体が定める条例や規則に委ねられています。

2．公法と私法の区別

　旅館業法を始めとする我が国の宿泊事業者規制の理解にあたっては、公法と私法の区別が重要となります。公法とは、国家と国民との関係を規律する法をいい、憲法や行政法（例：旅館業法、旅行業法、宅地建物取引業法等）が該当します。他方、私法とは私人間の関係を規律する法をいい、民法や借地借家法が該当します。民泊及び旅館業に関連する法律を公法（行政法）と私法に区別し、さらに一般法と特別法に分けると、図表2—1のように整理されます。

図表2—1：旅館業に関連する法律の分類

	公法（行政法）		私法	
特別法	国家戦略特別区域法	住宅宿泊事業法	借地借家法	区分所有法
一般法	旅館業法（宿泊事業者規制）	旅行業法（宿泊仲介業者規制）	民法	

　公法（行政法）である旅館業法や旅行業法は、公衆衛生の向上及び増進、旅行の安全の確保及び旅行者の利便の増進等、公共の福祉を増進することを

目的として、本来憲法で保障されている職業選択の自由を制限するものです。旅館業法、旅行業法の規定により、旅館業に該当する行為又は旅行業に該当する行為を行うには、各法律に基づく許可又は登録を受けることが必要とされます。

　我が国における宿泊事業者に対する規制の観点からは、国家戦略特別区域法及び住宅宿泊事業法は、旅館業法の特別法として位置づけられます。すなわち、宿泊料を受けて人を宿泊させる営業は、旅館業に該当し、その営業を行うには、原則として旅館業法の許可が必要です。ただし、国家戦略特別区域法に基づく特区民泊の特定認定を受けた場合又は住宅宿泊事業法に基づく住宅宿泊事業の届出を行った場合には、旅館業法の許可を受けることなく当該営業を行うことができます。

　また、我が国における宿泊サービスの仲介業者に対する規制の観点からは、住宅宿泊事業法は、旅行業法の特別法として位置付けられます。すなわち、報酬を受けて宿泊者や宿泊サービス提供者のために宿泊サービスの提供を仲介する営業は、旅行業に該当し、その営業を行うには、旅行業法に基づく登録が必要です。ただし、住宅宿泊事業法に基づく住宅宿泊仲介業の登録を行った場合には、届出住宅における宿泊サービスの提供の仲介に限り、旅行業法に基づく登録を受けることなく当該営業を行うことが認められます。

　他方、私法に位置付けられる民法や借地借家法は、宿泊施設提供者と宿泊者の間で結ばれる宿泊サービス契約や住宅の賃貸人と賃借人の間で結ばれる賃貸借契約といった私人間における法律関係を規律します。

　ここで重要なのは、公法である旅館業法が定める旅館業の定義は、私人間で締結される私法上の契約関係とは、直接関係しない点です。旅館業法の適用に関する典型的な誤解の例として「有償で人を宿泊させる営業であっても、宿泊施設提供者と宿泊者間の契約を賃貸借契約とすれば、当該営業は不動産賃貸業に該当するため旅館業には該当せず、したがって、旅館業法の許可は不要である」というものがあります。正しくは、私法上の契約形態が宿泊サービス契約か賃貸借契約かに関係なく、旅館業法に定められる旅館業の定義に該当する営業を行う場合には、旅館業法の許可が必要となります。

3．法令と条例等の関係

　旅館業法等の実務運用にあたっては、国会の議決によって制定される法律及び法律の委任を受けて行政機関が制定する命令（以下、合わせて「法令」

という。)と、地方公共団体の議会の議決によって制定される条例及び地方公共団体の執行機関等が独自に制定する規則(以下、合わせて「条例等」という。)との関係の理解も重要となります。

　旅館業法においては、法律である旅館業法と、命令である旅館業法施行令(政令)及び旅館業法施行規則(省令)が法令に該当します。これら旅館業法に係る法令では、次のような規定を条例に委ねています。
・必要な衛生措置の基準(旅館業法4条2項)
・宿泊拒否事由(旅館業法5条3号)
・旅館・ホテル営業における構造設備の基準(旅館業法施行令1条1項8号)
・簡易宿所営業における構造設備の基準(旅館業法施行令1条2項7号)

　また、地方公共団体による条例制定権は、憲法94条の「地方公共団体は(中略)法律の範囲内で条例を制定することができる」との定めによって保障された権限であり、これを受けて、地方自治法14条1項は「地方公共団体は、法令に違反しない限りにおいて第2条第2項の事務に関し、条例を制定することができる。」と、同法15条1項は「地方公共団体の長は、法令に違反しない限りにおいて、その権限に属する事務に関し、規則を制定することができる。」と定めています。そのため、法令に抵触する条例等は違法であり、無効となります。

　最高法規である憲法と、法令及び条例等の関係は、図表2−2のように整理されます。

図表2−2:憲法、法令、条例等の関係

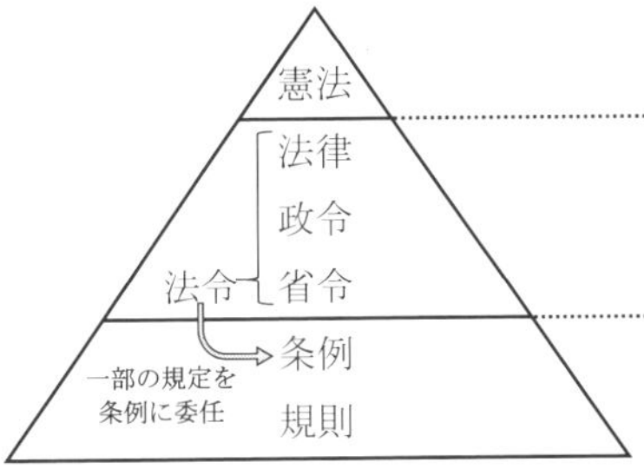

	旅館業法の体系	制定主体
憲法		
法律	旅館業法	国　会
政令	旅館業法施行令	内　閣
省令	旅館業法施行規則	厚生労働省
条例	旅館業法施行条例	地方議会
規則	旅館業法施行細則	地方公共団体の長

(一部の規定を条例に委任)

通知(技術的助言)と条例等の関係
　国や都道府県の行政機関は、地方公共団体に対して、地方自治法245条の4第1項等の規定に基づき、「技術的助言」に該当する通知を発することが

できます。技術的助言とは、地方公共団体の事務に関し、地方公共団体に対する技術的な助言、すなわち参考意見を示すものであり、法的な拘束力はありません。地方公共団体が技術的助言に該当する通知を参考に条例等を制定することで、初めて法的な拘束力が生じます。

旅館業法においては、例えば、法令により条例に委任される、必要な衛生措置の基準及び施設の構造設備の基準について定めた「旅館業における衛生等管理要領」が技術的助言に該当します。地方公共団体は、旅館業における衛生等管理要領を参考に、法令に違反しない限りにおいて、必要な衛生措置の基準及び施設の構造設備の基準に関する条例等を制定することができます。

<u>条例等と要綱の関係</u>

要綱とは、行政内部の指針（処理基準）であり、国の法律及び政省令や、地方公共団体が定める条例等とは異なり、旅館業を営もうとする者に対して直接法的な効果を及ぼすものではありません。しかし、旅館業の運用実務上は、その遵守が推奨されます[5]。

４．旅館業の定義

旅館業法における旅館業の定義すなわち、どのような行為が「旅館業」に該当するかは、本章以降で扱う旅館業法、国家戦略特別区域法、住宅宿泊事業法といった宿泊事業者規制の適用有無を分ける境界線となります。旅館業の定義を定める旅館業法２条の規定は次のとおりです。

旅館業法第２条
　この法律で「旅館業」とは、旅館・ホテル営業、簡易宿所営業及び下宿営業をいう。
２　この法律で「旅館・ホテル営業」とは、宿泊料を受けて、人を宿泊させる営業で、簡易宿所営業及び下宿営業以外のものをいう。
３　この法律で「簡易宿所営業」とは、宿泊する場所を多数人で共用する構造及び設備を主とする施設を設け、宿泊料を受けて、人を宿泊させる営業で、下宿営業以外のものをいう。
４　この法律で「下宿営業」とは、施設を設け、一月以上の期間を単位とする宿泊料を受けて、人を宿泊させる営業をいう。

---

[5] 要綱は法律や条例と異なり法的拘束力や規制力もないため、その遵守はあくまで任意の努力義務と位置付けられる。

> 5 この法律で「宿泊」とは、寝具を使用して前各項の施設を利用することをいう。

　旅館業の直接的な定義は、旅館・ホテル営業、簡易宿所営業及び下宿営業です。これら3つの営業種別の定義に共通する要件である「施設を設け、宿泊料を受けて、人を宿泊させる営業」は、旅館業に該当し、当該営業を行おうとする者は、該当する営業種別の許可を受けなければなりません（旅館業法3条1項）。

　なお、ここでいう「営業」とは、施設の提供が、「社会性をもって継続反復されているもの」に該当するかどうかで判断されます。

　以上の旅館業法の定義と解釈を踏まえ、厚生労働省は、旅館業の具体的な判断基準として、(1)宿泊料の徴収有無、(2)社会性の有無、(3)継続反復性の有無、(4)生活の本拠の有無の4つを示しています（図表2－3）。

図表2－3：旅館業の判断基準

○ 旅館業法の適用にあたっては、次の4項目を踏まえ判断している。

旅館業法の営業許可が必要な場合

①宿泊料を徴収	②社会性の有無	③継続反復性の有無	④生活の本拠か否か
【宿泊料】 ・名称にかかわらず、休憩料、寝具賃貸料、寝具等のクリーニング代、光熱水道費、室内清掃費等 ・時間単位で利用させる場合を含む	【社会性があると判断される例】 ・不特定の者を宿泊させる場合 ・広告等により広く一般に募集を行っている場合 など	【継続反復性があると判断される例】 ・宿泊募集を継続的に行っている場合 ・曜日限定、季節営業など、営業日を限定した場合あっても繰り返し行っている場合 など	【生活の本拠でないと考えられる例】 ・使用期間が一ヶ月未満（ウイークリーマンション等） ・使用期間が一ヶ月以上であっても、部屋の清掃や寝具類の提供等を施設提供者が行う場合（下宿など） など

旅館業法の営業許可を必要としない場合

| 【宿泊料以外】
・食事代
・テレビ等の視聴料
・体験事業の体験料
など | 【社会性がないと判断される例】
・日頃から交流のある親戚、知人、友人を泊める場合
など | 【継続反復性がないと判断される例】
・年1回（2～3日程度）のイベント開催時であって、宿泊施設の不足が見込まれることにより、開催地の自治体の要請等により自宅を提供するような公共性の高いもの
など | 【生活の本拠と考えられる例】
・使用期間が一ヶ月以上（マンション、アパート、マンスリーマンション、サービスアパートメント等）で、使用者自らの責任で部屋の清掃等を行う場合
など |

出所：平成27年12月14日　第2回「民泊」サービスのあり方に関する検討会資料2「旅館業法について（厚生労働省）」

(1) 宿泊料を徴収すること

　「宿泊料」とは、名目だけではなく、実質的に寝具や部屋の使用料とみなされる、休憩料、寝具賃貸料、寝具等のクリーニング代、光熱水道費、室内

清掃費などが含まれます[6]。

ただし、食事代、テレビ等の視聴料、体験事業の体験料等、寝具や部屋の使用以外のサービスに係る実費相当額又は社会通念上これら食事代等の対価と考えられる額しか徴収しない場合は、「宿泊料」を徴収しないため、当該営業は旅館業には該当しません[7]。

このため、「宿泊料」ではなく、例えば、「食事代」など別の名目で料金を徴収しても、当該料金が食事の実費相当額又は社会通念上これら食事代等の対価と考えられる額を上回る場合は、実質的に「宿泊料」を徴収していると判断され、当該対価を受けて人を宿泊させる営業は旅館業に該当します。

(2) 社会性があること

「社会性」とは、社会通念上、個人生活上の行為として行われる範囲を超える行為として行われるものであり、一般的には、知人・友人を宿泊させる行為は、「社会性」をもった行為ではないと解され、旅館業には該当しません[8]。

インターネットを介して知り合った外国人が来日した際に、宿泊料を受けて自宅の空き部屋に泊まってもらう行為は、次のように判断されます[9]。

① 当該外国人が、日頃から交友関係にある場合
……知人・友人を宿泊させる場合と同様に「社会性」をもった行為ではないため、旅館業には該当しません。

② インターネットサイト等を利用して、広く宿泊者を継続反復的に募集している場合
……「社会性をもって継続反復されているもの」として、当該行為は旅館業に該当します。

なお、営利を目的としてではなく、人とのコミュニケーションなど交流を目的として宿泊させる場合であっても、当該行為が、宿泊料を受けて、社会性をもって継続反復的にされている場合は旅館業に該当します[10]。

(3) 継続反復性があること

旅館業法における「継続反復性」の有無は、営業者の予定している営業形態、宿泊客の募集の方法等を総体的にみて個別具体的に判断するものとされ

---

[6] 平成29年7月10日厚生労働省「民泊サービスと旅館業法に関するQ&A」Q9を参照。
[7] 昭和33年1月22日厚生省公衆衛生局長あて神奈川県衛生部長照会33環第162号「旅館業法関係の「業として」の解釈について」を参照。
[8] 平成29年7月10日厚生労働省「民泊サービスと旅館業法に関するQ&A」Q5を参照。
[9] 平成29年7月10日厚生労働省「民泊サービスと旅館業法に関するQ&A」Q6を参照。
[10] 平成29年7月10日厚生労働省「民泊サービスと旅館業法に関するQ&A」Q7を参照。

ています。

　観光庁及び厚生労働省が作成した「イベント民泊ガイドライン」では、「継続反復性」について次の考え方が示されています。

2　イベント民泊を実施できる場合
(1)　イベント民泊の概要
　イベント民泊とは、「ⅰ）年数回程度（1回当たり2～3日程度）のイベント開催時であって、ⅱ）宿泊施設の不足が見込まれることにより、ⅲ）開催地の自治体の要請等により自宅を提供するような公共性の高いもの」について、「旅館業」に該当しないものとして取り扱い、自宅提供者において、旅館業法に基づく営業許可なく、宿泊サービスを提供することを可能とするものです。このように、自宅提供行為がイベント民泊として認められるためには、上記の「ⅰ）」から「ⅲ）」の要素により、自宅提供行為について公共性が認められることが必要となりますが、これらの各要素の考え方は、以下のとおりです。

(2)　「年数回程度（1回当たり2～3日程度）のイベント開催時」について
ア　イベントの開催期間について
　事務連絡においては、イベントの日数について「2～3日程度」としていますが、これはあくまで目安であり、必ずしもイベント開催期間が3日以内でなければイベント民泊として認められないということではありません（なお、後記「(4)」「イ」「(注1)」のとおり、自治体は、イベント開催期間の前後の日を含めて、イベント民泊の実施期間として定めることができます。）。

　イベント民泊に旅館業法が適用されないのは、イベント民泊実施期間中に、宿泊者の入れ替わりがない態様（注）で宿泊させる場合について、反復継続性が否定されるためです。反復継続しない宿泊サービスの提供行為は、そもそも事業として実施されるものではなく、また、多数人が施設を入れ替わり利用することがないことから、感染症の流行等、公衆衛生に関する問題が生じるリスクも低いと考えられることから、旅館業法の適用対象外となります。

　そのため、イベント開催期間が3日を超える場合であっても、各自治体の旅館業法担当部署において、自宅提供行為が、上記趣旨に照らして問題

がないと判断できる場合には、旅館業法が適用されないイベント民泊として取り扱うことができます。
（注）「宿泊者の入れ替わり」については、例えば、イベント民泊実施期間が3日間とされた場合で、同じ施設に、1日目から2日目午前までは宿泊者Aを宿泊させ、2日目午後から3日目までは宿泊者Bを宿泊させる場合は、「宿泊者の入れ替わり」があるため、旅館業法が適用されることとなります。他方、同じ施設に、同時に、複数組、複数名を宿泊させる場合は、「宿泊者の入れ替わり」がないため、イベント民泊として実施することができます。

すなわち、旅館業法における「継続反復性」は、公衆衛生の向上及び増進という法の趣旨に鑑み、「宿泊者の入れ替わり」の有無が重要な判断要素になるとされています。「イベント民泊ガイドライン」を参考にすると、「年数回程度（1回当たり2～3日程度）」かつ「宿泊者の入れ替わり」がない様態で宿泊させる場合といった、極めて限定的なケースでのみ、「継続反復性」がないと判断される可能性があると考えるべきでしょう。

このため、例えば、土日のみ等、日数や曜日をあらかじめ限定した場合であっても、宿泊料を受けて人を宿泊させる行為が定期的に又は宿泊者の入れ替わりがある様態で行われ得る状態にある場合は、当該行為は旅館業に該当すると解されます[11]。

(4) 生活の本拠ではないこと

旅館業と近接する営業形態として貸室業（不動産賃貸業）があります。旅館業と不動産賃貸業の区別は、次の2条件に照らして判断されます。

① 施設の衛生上の維持管理責任の所在（施設の管理・経営形態を総体的にみて、利用者のいる部屋を含め施設の衛生上の維持管理責任が営業者にあると社会通念上認められる場合、旅館業に該当する。）

② 生活の本拠の有無（利用者がその利用する施設に生活の本拠を有さないことを原則とする場合、旅館業に該当する。）

すなわち、対価を受けて、社会性をもって継続反復的に施設を提供する行為であっても、当該施設の衛生上の維持管理責任が利用者にあり、当該施設が利用者の「生活の本拠」に該当する場合は、当該行為は旅館業法が適用さ

---

[11] 平成29年7月10日厚生労働省「民泊サービスと旅館業法に関するQ&A」Q8を参照。

れる旅館業ではなく、同法が適用されず許可なしで営める不動産賃貸業[12]に該当します。

この２条件に該当するか否かは、第一に利用者の滞在期間の長さで、第二に施設の衛生上の維持管理責任の所在で判断されます（図表２―４）。

図表２―４：旅館業と不動産賃貸業の区別

衛生上の維持管理責任	施設での滞在期間	１ヶ月未満	１ヶ月以上
営業者		旅館業 （許可制）	旅館業 （許可制）
利用者		―	不動産賃貸業 （許可不要）

利用者の滞在期間が１ヶ月未満の場合には、当該施設は利用者の生活の本拠には当たらず、当該施設での営業は旅館業に該当すると解されます[13]。このため、例えば住宅を１日・１週間単位で貸し出す民泊事業やウィークリーマンション事業は旅館業に該当します。

また、滞在期間が１ヶ月以上であっても、施設の衛生上の維持管理責任が営業者にある場合は、当該施設は利用者の生活の本拠ではないと解され[14]、当該施設の営業は旅館業（後述する下宿営業）に該当します。反対に、利用者の滞在期間が１ヶ月以上であり、かつ施設の衛生上の維持管理責任が借主にあるマンスリーマンション事業やシェアハウス事業は旅館業ではなく、不動産賃貸業に該当します。

５．旅館業法における民泊の位置付け

旅館業法における民泊の位置付けを整理すると、住宅を宿泊施設として提供する民泊のうち、(1)宿泊料を徴収し、(2)社会性をもって、(3)継続反復して、(4)生活の本拠ではない施設を提供するものは旅館業に該当し、当該民泊を行おうとする者は、原則として、該当する旅館業法３条１項に基づき、都

---

[12] 宅地建物取引業法２条２項では、宅地又は建物の賃借を自ら行う行為（すなわち、不動産賃貸業）は宅地建物取引業の定義から除外されており、宅地建物取引業の免許を受けずして営むことができる。

[13] 昭和63年１月29日衛指第23号厚生省生活衛生局指導課長通知「旅館業法運営上の疑義について」及び「民泊サービス」のあり方に関する検討会第一回（平成27年11月27日開催）資料４―１において、利用者の滞在期間が１ヶ月未満の場合には、当該施設は生活の本拠ではないことが示唆されている。

[14] 「民泊サービス」のあり方に関する検討会第一回（平成27年12月14日開催）資料２「１．旅館業法の適用判断について」

道府県知事（保健所設置市又は特別区の場合は市長又は区長、以下併せて「都道府県知事等」と呼ぶ）から、該当する営業種別の許可を受けなければなりません。ただし、特区民泊の特定認定受けた場合又は住宅宿泊事業の届出をした場合には、同法3条1項の営業許可を受けることなく、旅館業に該当する民泊を営むことができます（国家戦略特別区域法13条4項、住宅宿泊事業法3条1項）。

以上をまとめると、旅館業の判断基準と宿泊事業者規制の関係は図表2—5のとおり整理されます。

インターネットサイトを通じて宿泊者を募集する民泊は、一般的に上記(1)〜(4)の要件をすべて満たすため、旅館業に該当します。かかる民泊は、宿泊料の設定を1日単位とすることが通常なので、下宿営業には該当せず、住宅のトイレや風呂等の構造設備を多数人で共用する構造を主とするもの（例：

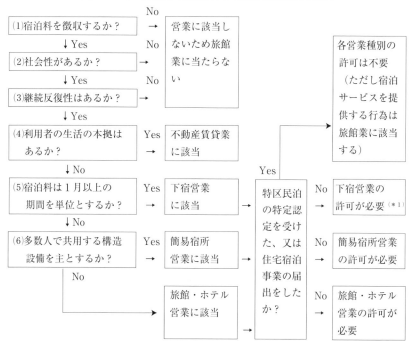

図表2—5　旅館業の判断基準と宿泊事業者規制の関係

（＊1）ただし、旅館・ホテル営業又は簡易宿所営業の許可を受けた者は、当該施設において下宿営業を営むことができる（旅館業法3条1項但書）。

出所：日本橋くるみ行政書士事務所作成

自ら居住中の住宅の空き部屋を宿泊者に提供しトイレや風呂等の構造設備を多数人で共用するホームステイ型の民泊）は、簡易宿所営業に、それ以外のものは旅館・ホテル営業に該当すると解されます。

簡易宿所営業又は旅館・ホテル営業のいずれかに該当する民泊を、各営業種別の許可を受けることなく営んだ者は、特区民泊の特定認定を受けた場合又は住宅宿泊事業の届出をした場合を除き、無許可で旅館業を営んだ者として罰則の対象となります（旅館業法10条1号）。

6．旅館業法における3つの営業種別の構造設備要件

旅館・ホテル営業、簡易宿所営業又は下宿営業の許可を受けるには、各営業種別に応じた構造設備要件を満たす必要があります（図表2－6）。

図表2－6：旅館業法における3営業種別　構造設備要件等の比較

	旅館・ホテル営業	簡易宿所営業	下宿営業
宿泊期間	1日単位（365日稼働可）		1ヶ月以上
最低客室数	なし	なし	—
1客室の床面積	7㎡（*1）	33㎡（*2）	—
玄関帳場の設置義務	あり（*3）	なし（*4）	—
建築基準法	ホテル又は旅館		下宿
消防法	旅館・ホテル（5項イ）		下宿（5項ロ）

（*1）寝台（ベッド）を置く客室の場合は9㎡
（*2）定員10名未満の場合は3.3㎡×宿泊定員数
（*3）宿泊者の本人確認を適切に行うための設備を有する場合には設置しないことができる
（*4）条例によって玄関帳場の設置義務を定める自治体あり

(1) **旅館・ホテル営業**

旅館・ホテル営業とは、宿泊料を受けて、人を宿泊させる営業で、簡易宿所営業及び下宿営業以外のものをいいます（旅館業法2条2項）。従前の旅館業法における「ホテル営業」及び「旅館営業」では、営業許可を受けるための構造設備要件として、それぞれ10室及び5室の最低客室数が定められていましたが、2017年12月の旅館業法の一部改正により、ホテル営業と旅館営業が「旅館・ホテル営業」に統合され、その後2018年1月の旅館業法施行令及び同法施行規則の改正により、最低最低客室数や玄関帳場の設置等の様々な構造設備要件が撤廃又は緩和されました（図表2－7）。

図表2—7：2018年1月の旅館業法政省令の改正内容

構造設備の基準	旅館業法施行令・施行規則の改正内容
最低客室数	ホテル営業：10室、旅館営業：5室の基準を撤廃する
客室の最低床面積	洋室：9㎡、和室：7㎡を撤廃し、原則7㎡、寝台を置く客室の場合は9㎡とする（旅館業法施行令1条1項1号）
入浴設備の要件	ホテル営業の洋式浴室又はシャワー室の設置要件を撤廃し、規制の緩やかな旅館営業の水準とする（旅館業法施行令1条1項4号）
玄関帳場	宿泊者の確認を適切に行うための設備として厚生労働省令で定める基準に適合するものを具備する場合は玄関帳場の設置を不要とする（旅館業法施行令1条1項2号）

出所：日本橋くるみ行政書士事務所作成

　また、国から地方公共団体に対する技術的助言[15]に相当する「旅館業における衛生等管理要領」も、法令改正に合わせて2017年12月及び2018年1月に改正され、それまで同要領で定められていた構造設備の基準が大幅に見直されました（図表2—8）。

図表2—8：2017年12月及び2018年1月の衛生等管理要領の改正内容

構造設備の基準	衛生等管理要領の改正内容
寝具の種類	洋室：洋式の寝具、和室：和式の寝具の基準を撤廃
客室の境の種類	洋室：壁造り、和室：壁・板戸・襖等による区画の基準を撤廃
採光の具体的要件	採光部分の面積を8分の1以上等とする基準を撤廃
便所の具体的要件	便所個数の数値基準を撤廃

出所：日本橋くるみ行政書士事務所作成

玄関帳場に代替する機能を有する設備

　旅館業法施行令1条1項2号に定められた玄関帳場の代替機能に関する厚生労働省令で定める基準として、次の2要件を満たす場合には、玄関帳場の設置が不要となります（旅館業法施行規則4条の3）。

　一　事故が発生したときその他の緊急時における迅速な対応を可能とする設備を備えていること。
　二　宿泊者名簿の正確な記載、客室の鍵の宿泊者との適切な受渡し及び宿泊者以外の者の出入りの状況の確認を可能とする設備を備えていること。

---

[15] 技術的助言とは、地方自治法245条の4第1項等の規定に基づき、地方公共団体の事務に関し、国から地方公共団体に対する助言として、客観的に妥当性のある行為を行い又は措置を実施するように促したり、又はそれを実施するために必要な事項を示したりする通知を発することができるとされているものをいう。技術的助言はそれ自体が地方公共団体や事業者を法的に拘束するものではなく、地方公共団体が技術的助言に基づき条例を制定することで初めて法的な効力が発生する。

旅館業における衛生等管理要領では、前者の要件に関しては、宿泊者の緊急を要する状況に対し、その求めに応じて、通常おおむね10分程度で職員等が駆けつけることができる体制を想定しているものであることが、後者の要件に関しては、営業者自らが設置したビデオカメラ等により、宿泊者の本人確認や出入りの状況の確認を常時鮮明な画像により実施することが示されています[16]。

(2) 簡易宿所営業

簡易宿所営業とは、宿泊する場所を多数人で共用する構造及び設備を主とする施設を設け、宿泊料を受けて、人を宿泊させる営業で、下宿営業以外のものをいいます（旅館業法2条3項）。プライベートな個室を主に提供する旅館・ホテル営業と異なり、簡易宿所営業は"多数人共用"の構造設備を備えることで、相部屋におけるベッド単位での宿泊サービス提供（いわゆる"追い込み式"の営業）が可能な営業種別です。

（注）なお、旅館・ホテル営業に多数人で共用する客室が含まれていても差し支えない（昭和45年1月7日四四衛公環発第486号「旅館業法第二条における「主として」の解釈等について」を参照）。ただし、多数人で共用する構造及び設備が主となる場合には、簡易宿所営業の許可を受ける必要が生じる可能性がある。また、簡易宿所に多数人で共用しない客室を設置することも可能であるが、当該客室が主とならないよう、その客室の延べ面積は総客室の延べ面積の2分の1未満であること等と条例等で定められていることが多い（例：東京都旅館業法施行条例9条1項5号）。

簡易宿所営業では、客室の延床面積は原則として33㎡以上とする必要がありますが、2016年4月の旅館業法施行令の改正以降は、宿泊定員を10人未満とする場合には、3.3㎡×宿泊定員数（例：定員5人の場合は3.3×5＝16.5㎡）以上の面積で許可申請が可能となりました（旅館業法施行令1条3項1号）。

簡易宿所営業では、玄関帳場の設置は法令上の義務ではありませんが、自治体によっては条例で玄関帳場の設置を義務付けているケースがあります。また、自治体によっては施設の規模にかかわらず、共用便所の最低便器個数を2個以上に定めている場合もあります（第Ⅴ章3(1)④を参照）。

2016年4月以降は、狭い1室でも簡易宿所営業の許可申請が可能となりましたが、自治体のルールによる玄関帳場の設置義務や最低便所個数等の構造設備要件がハードルとなり、小規模施設で簡易宿所営業の許可がドリた事例

---

[16] 平成30年1月31日生食発0131第2号「旅館業における衛生等管理要領の改正について」Ⅱ．第1.8(5)を参照。

は多くありません[17]。

　旅館業における衛生等管理要領では、かつて簡易宿所営業の施設設備の基準として「適当な規模の玄関、玄関帳場又はフロント及びこれに類する設備を設けること」が定められていましたが、玄関帳場等の設置の過度な規制を緩和するため、2016年4月の同要領改正により「適当な規模の玄関、玄関帳場又はフロント及びこれに類する設備を設けることが望ましいこと」に文言が修正されました[18]。

　また、2017年12月に厚生労働省が発出した玄関帳場等の設置に関する通知[19]において、都道府県等が、条例で、簡易宿所営業の施設に対し玄関帳場等の設置を求めている場合において、単一又は複数の営業者が、複数の簡易宿所について共通の玄関帳場等を設置する、いわゆるサテライト型簡易宿所の取扱いが示されました（図表2－9）[20]。

図表2－9：サテライト型簡易宿所の類型

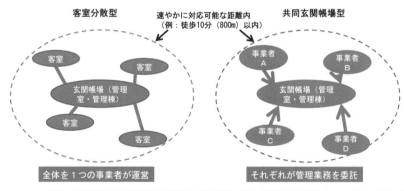

出所：平成29年5月18日厚生労働省「旅館業に関する規制の見直しについて」より抜粋

---

[17] 小規模施設の許可事例として、東京都北区において2017年2月にワンルームマンションで簡易宿所営業の許可を取得した「Living CUBE 田端駅前」が挙げられる。同区では2016年4月の旅館業法施行令の改正後、旅館業の弾力的な運用ルールの見直しが行われ、客室の延床面積33㎡未満の小規模施設において玄関帳場なし・便所個数1個での簡易宿所営業の許可が認められた。
[18] 2018年1月の旅館業における衛生等管理要領の改正では「適当な規模の玄関、玄関帳場若しくはフロント又はこれに類する設備を設けることが望ましいこと」に更に文言が修正された。
[19] 平成29年12月15日生食発1215第3号「簡易宿所営業における玄関帳場等の設置について」
[20] 通知では、複数の簡易宿所の営業者が、共同して一の玄関帳場等を設置して、それら複数の簡易宿所の玄関帳場等として機能させることは、緊急時に適切に対応できる体制が整備されていれば差し支えないこととされた。ここでいう「緊急時に適切に対応できる体制」とは、旅館・ホテル営業の場合と整合的に、宿泊客の緊急を要する状況に対し、その求めに応じて、通常おおむね10分程度で職員等が駆けつけることができる体制を想定しているものであることとされている。

民泊施設における旅館業の営業種別の使い分けとして、①家族や友人等の1グループに貸切提供する"グループ貸し"を行おうとする施設では、多数人共用の構造設備の設置が不要である旅館・ホテル営業の許可申請を、②ドミトリー部屋（相部屋）を備えたホステル等、ベッドがあれば追加客を定員まで次々に宿泊させる"追い込み式"の営業を行おうとする施設では、簡易宿所営業の許可申請を、それぞれ選択することが今後一般的になっていくでしょう。

(3)　**下宿営業**

　下宿営業とは、施設を設け、1ヶ月以上の期間を単位とする宿泊料を受けて、人を宿泊させる営業をいいます（旅館業法2条4項）。旅館業法における下宿営業は、施設の衛生上の維持管理責任が営業者にあり、利用者の生活の本拠がないものをいいます。この点、旅館業法における下宿営業は、一般用語における下宿とは意味合いが異なり、例えば、部屋の管理が専ら学生に委ねられており、学生が生活の本拠を置くことを予定した学生下宿は、旅館業には該当せず、下宿営業の許可は不要です[21]。

　下宿営業の施設は、1998年3月末には全国で2,072軒存在しましたが、その施設数は減少傾向にあり、2016年3月末には722軒まで減少しています（図表2－10）。

下宿営業と借地借家法

　規制環境の変化の観点からは、下宿営業施設数の減少は、2000年3月から施行された定期借家制度の活用による不動産賃貸業への切替えが一因となっている可能性があります。

　すなわち、定期借家制度の創設前は、期間を1年未満とする建物の賃貸借契約は期間の定めのない賃貸借とみなされ、賃借人は無期限に施設に滞在することが可能でした。賃貸借契約を締結して賃借人に強い保護を与えることを避けるため、下宿施設の営業者には、賃貸借契約の締結なしに1ヶ月以上の期間にわたって下宿人に施設を提供できる下宿営業の許可を取得するインセンティブがあったと考えられます[22]。

　定期借家制度の施行後は、期間満了によって賃貸借が終了する「定期建物

---

[21] 昭和61年03月31日 衛指第44号「下宿営業の範囲について」を参照。
[22] 下宿営業であれば利用者が当該施設において生活の本拠を有さないため、仮に利用者から下宿営業の施設を提供するサービス契約が建物の賃貸借の要素を含んでいると主張されても、借地借家法の借家に関する規定が適用されない一時使用目的の賃貸借であることを主張しやすいと考えられる。

図表２−10　下宿営業施設数の推移（全国）

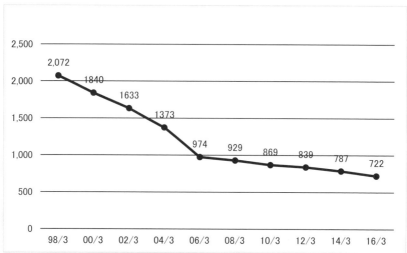

出所：厚生労働省「衛生行政報告例（生活衛生関係）」に基づき日本橋くるみ行政書士事務所作成

賃貸借」（以下、「定期借家」という。）という新たな契約形態が可能となりました。期間が１年以上の定期借家契約の場合、建物の賃貸人は、期間の満了の１年前から６ヶ月前までの間に建物の賃借人に対し期間の満了により建物の賃貸借が終了する旨の通知をしなければ、その終了を建物の賃借人に対抗することができません（借地借家法38条４項）が、期間が１年未満の短期の定期借家契約の場合は、当該通知をせずとも、期間満了により賃貸借が終了します。

　定期借家制度により、下宿施設の運営者は、利用者と短期の定期借家契約を結べば、賃借人に強い保護を与えることなく、施設を提供できるようになりました。また、本章３(4)に記述したとおり、部屋の利用期間を１ヶ月以上とし、当該部屋の管理責任を利用者に与えれば、運営者において下宿営業の許可取得は不要です。結果、下宿施設の運営者にとって、旅館業法の様々な規制を遵守する必要のある下宿営業の許可を取得又は維持するよりも、同法の規制を受けずに営める１ヵ月以上の短期定期借家契約を利用した不動産賃貸業の方が選好されたことが、下宿営業の施設数減少の一因となったものと考えられます。

　定期借家制度の創設後、短期の定期借家契約は、マンションの１室を１月単位で貸し出すマンスリーマンションの賃貸借や、一つの住宅を複数の人が共同で利用して生活するシェアハウスの賃貸借に活用されています。

7．旅館業の営業者に課せられる義務

　旅館・ホテル営業、簡易宿所営業又は下宿営業の許可を受けて旅館業を営む者は「営業者」（旅館業法3条の2）となり、旅館業が国民生活において果たしている役割の重要性に鑑み、営業の施設及び宿泊に関するサービスについて安全及び衛生の水準の維持及び向上に努めるとともに、旅館業の分野における利用者の需要が高度化し、かつ、多様化している状況に対応できるよう、営業の施設の整備及び宿泊に関するサービスの向上に努めなければなりません（旅館業法3条の4）。

　旅館業の営業者、特区民泊の認定事業者及び住宅宿泊事業者に課せられる義務の比較は、図表2―11のとおりです。

図表2―11：宿泊施設の営業者・事業者に課せられる義務の比較

営業者・事業者に課される義務	旅館業の営業者（旅館業法）	特区民泊の認定事業者（国家戦略特別区域法施行令）	住宅宿泊事業者（住宅宿泊事業法）
(1) 施設の衛生確保	あり（4条）	あり（12条4号）	あり（5条）
(2) 宿泊拒否の制限	あり（5条）	なし	なし
(3) 宿泊者名簿の備付け等	あり（6条）	あり（12条6号）	あり（8条）

出所：日本橋くるみ行政書士事務所作成

⑴　施設の衛生確保

　旅館業の営業者は、営業の施設について、換気、採光、照明、防湿及び清潔その他宿泊者の衛生に必要な措置を講じなければなりません（旅館業法4条）。

　同様に、特区民泊の認定事業者及び住宅宿泊事業者も施設の衛生を確保する義務を負います（国家戦略特別区域法施行令12条4号、住宅宿泊事業法5条）。

⑵　宿泊拒否の制限

　旅館業の営業者は、次に該当する場合を除いては、宿泊を拒んではなりません（旅館業法5条）。

> 一　宿泊しようとする者が伝染性の疾病にかかつていると明らかに認められるとき。

二　宿泊しようとする者がとばく、その他の違法行為又は風紀を乱す行為をする虞があると認められるとき。
　三　宿泊施設に余裕がないときその他都道府県が条例で定める事由[23]があるとき。

　なお、旅館業法の許可を受けた宿泊施設において、利用可能者を不当に差別的でない範囲において限定することは、当該宿泊拒否制限に抵触しないと解されます[24]。

　他方、特区民泊の認定事業者及び住宅宿泊事業者には、このような宿泊拒否制限は課されません[25]。そのため、例えば、インターネットの予約サイトにおいて悪い評判の付いた者からの宿泊申込に対して、旅館業の営業者は、原則として、宿泊を拒否できないのに対して、特区民泊の認定事業者及び住宅宿泊事業者は宿泊を拒むことができます。

(3) **宿泊者名簿の備付け等**

　旅館業の営業者は、旅館業の施設又は営業者の事務所に宿泊者名簿を備え、これに宿泊者の氏名、住所、職業その他の事項を記載し、当該職員の要求があったときは、これを提出しなければならず、宿泊者は、営業者から請求があったときは、これらの事項を告げなければなりません（旅館業法6条、旅館業法施行規則4条の2第2項）。

　宿泊者名簿は、当該宿泊者名簿の正確な記載を確保するための措置を講じた上で作成し、その作成の日から3年間保存しなければなりません（旅館業法施行規則4条の2第1項）

---

[23] 都道府県条例で定める事由の例として、東京都旅館業法施行条例5条では、①宿泊しようとする者が、泥酔者等で、他の宿泊者に著しく迷惑を及ぼすおそれがあると認められるとき、②宿泊者が他の宿泊者に著しく迷惑を及ぼす言動をしたときの2つを規定している。
[24] 旅館業における衛生等管理要領（平成29年12月15日改正）の「Ⅳ宿泊拒否の制限」4に「多様な消費者ニーズに応えられるよう、合理性が認められる範囲内において、例えば、大人向け等営業上の工夫として利用者の良識と任意の協力の下において実施される場合、宿泊拒否には当たらない。」とする規定が新たに追加された。当該規定に照らすと、例えば、周辺に女性が安心して利用できる宿泊施設がないこと等を理由として施設の利用可能者を女性に限定する場合等も、その合理性が認められる限りにおいては旅館業法5条に規定される宿泊拒否には該当しないと考えられる。他方、例えば、特定の国籍を有する旅行者の宿泊を拒否する等、利用可能者を社会通念上不当に差別的に限定することは「合理性が認められる範囲内」とはいえず、旅館業法5条に規定される宿泊拒否に該当すると解すべきである。
[25] 住宅宿泊事業法施行要領（ガイドライン）の「1－1．定義関係」「(2)住宅宿泊事業の定義（法第2条第3項関係）」「②その他留意事項について」において「住宅宿泊事業は旅館業と異なり宿泊拒否の制限を課しておらず、宿泊の条件として、合理的な範囲で宿泊者に対し一定の要件を課しても本法に反しない。ただし、宿泊拒否の理由が差別的なものである場合や偏見に基づくものである場合は社会通念上、不適切となることもあるため留意することが必要である。」旨が説明されている。

また、感染症の蔓延の防止及びテロの未然防止を図るため、後日宿泊者の身元を確認できるよう、宿泊者が日本国内に住所を有しない外国人であるときは、旅館業の営業者は、当該宿泊者の国籍及び旅券番号を宿泊者名簿に記載しなければなりません（旅館業法施行規則4条の2第1号）。さらに、厚生労働省の通知[26]により、宿泊者名簿の記載の正確を期すため旅券の写しを宿泊者名簿とともに保存することが要請されています[27]。

　特区民泊の認定事業者及び住宅宿泊事業者も同様に宿泊者名簿の備付け等の義務を負います（国家戦略特別区域法施行令12条6号、住宅宿泊事業法8条）。

8．旅館業を営む者に対する行政権限と罰則規定

　2017年12月に成立した旅館業法の一部を改正する法律案により、旅館業を無許可で営む者に対する行政の取締り権限強化とともに、旅館業を無許可で営む者に対する罰則強化が図られました。

　旅館業を営む者のうち、営業者及び営業者以外の者（旅館業を無許可で営む者）に対する行政権限と罰則規定は、それぞれ図表2—12のとおりです。

図表2—12：旅館業法における行政権限と罰則規定

措置＼対象	旅館業を営む者	
	営業者	営業者以外の者
行政権限	・報告徴収／立入検査 ・業務改善命令 ・許可取消／業務停止命令	・報告徴収／立入検査 ・旅館業の停止等命令
罰則規定	・業務停止命令違反(*1) ・業務改善命令違反(*2) ・不当な宿泊拒否(*2) ・報告徴収に対する虚偽の報告、立入検査の忌避等(*2)	・旅館業の無許可営業(*1)

（*1）6月以下の懲役若しくは100万円以下の罰金又はこれらの併科となる
（*2）50万円以下の罰金に処される

---

[26] 平成17年2月9日健発第0209001号「旅館業法施行規則の一部を改正する省令の施行について」、平成17年2月9日健衛発第0209004号「旅館業法施行規則の一部を改正する省令の施行に関する留意事項について」、平成26年12月19日健衛発1219第2号「旅館等における宿泊者名簿への記載等の徹底について」

[27] なお、経済産業省が2016年4月19日に公表した「グレーゾーン解消制度」の回答により、指紋認証システムを用いた旅券情報の確認が可能である旨が明確化された。

(1) **旅館業の営業者に対する行政権限と罰則規定**

　旅館業の営業者に対する行政権限と罰則規定は次のとおりです。

① 　営業者に対する報告徴収／立入検査

　都道府県知事等は、旅館業法の施行に必要な限度において、営業者その他の関係者から必要な報告を求め又は当該職員に、旅館業の施設に立ち入り、その構造設備若しくはこれに関する書類を検査させ、若しくは関係者に質問させることができます（旅館業法7条1項）。

② 　営業者に対する業務改善命令

　都道府県知事等は、旅館業の施設の構造設備が政令で定める基準に適合しなくなったと認めるときは、当該営業者に対し、相当の期間を定めて、当該施設の構造設備をその基準に適合させるために必要な措置をとるべきことを命ずることができます（旅館業法7条の2第1項）。

　また、都道府県知事等は、旅館業による公衆衛生上の危害の発生若しくは拡大又は善良の風俗を害する行為の助長若しくは誘発を防止するため必要があると認めるときは、当該営業者に対し、公衆衛生上又は善良の風俗の保持上必要な措置をとるべきことを命ずることができます（旅館業法7条の2第2項）。

③ 　営業者に対する許可取消／業務停止命令

　都道府県知事等は、営業者が、旅館業法や業務改善命令・処分に違反したときや一定の欠格事由に該当したときは、許可の取り消し、又は1年以内の期間を定めて旅館業の全部若しくは一部の停止を命ずることができます（旅館業法8条前段）。

　都道府県知事等は、営業者（営業者が法人である場合におけるその代表者を含む。）又はその代理人、使用人その他の従業者が、当該営業に関し次に掲げる罪を犯したときも、同様の命令を下すことができます（旅館業法8条後段）。

> 一　刑法174条（公然わいせつ）、第175条（わいせつ物頒布等）又は第182条（淫行勧誘）の罪
> 二　風俗営業等の規制及び業務の適正化等に関する法律に規定する罪（同法2条4項の接待飲食等営業及び同条11項の特定遊興飲食店営業に関するものに限る。）
> 三　売春防止法第2章に規定する罪

四　児童買春、児童ポルノに係る行為等の規制及び処罰並びに児童の保護
　　　　等に関する法律第2章に規定する罪

④　営業者に対する罰則規定
　旅館業法8条の規定による業務停止命令に違反した者は、6ヶ月以下の懲役若しくは100万円以下の罰金に処され、又は懲役と罰金を併科されます（旅館業法10条2号）。
　旅館業法5条の宿泊拒否制限又は同法6条1項の宿泊者名簿の備付け等の規定に違反した者は、50万円以下の罰金に処されます（旅館業法11条1号）。
　また、旅館業法7条1項に基づく都道府県知事等の報告徴収に対して報告をせず、若しくは虚偽の報告をし、又は同項に基づく当該職員の検査を拒み、妨げ、若しくは忌避した者も、50万円以下の罰金に処されます（旅館業法11条2号）。

(2)　**旅館業を無許可で営む者に対する行政権限と罰則規定**
　旅館業を無許可で営む者に対する行政権限と罰則規定は次のとおりです。
①　旅館業を無許可で営む者に対する営業停止等命令と報告徴収／立入検査
　都道府県知事等は、旅館業法の規定に違反して旅館業が営まれている場合で緊急に措置をとる必要があると認めるときは、当該旅館業を無許可で営む者に対し、当該旅館業の停止その他公衆衛生上又は善良の風俗の保持上必要な措置をとるべきことを命ずることができます（旅館業法7条の2第3項）。
　都道府県知事は、旅館業が営まれている施設において旅館業法7条の2第3項の命令をすべきか否かを調査する必要があると認めるときは、当該旅館業を無許可で営む者その他の関係者から必要な報告を求め、又は当該職員に、旅館業の施設に立ち入り、その構造設備若しくはこれに関する書類を検査させ、若しくは関係者に質問させることができます（旅館業法7条2項）。
②　旅館業を無許可で営む者に対する罰則規定
　旅館業法の規定に違反して、無許可で旅館業を営んだ者は、6ヶ月以下の懲役若しくは100万円以下の罰金に処され、又は懲役と罰金を併科されます（旅館業法10条1号）。

9．旅館業法と建築基準法及び消防法の関係

　旅館業法に規定されるの営業種別のうち、旅館・ホテル営業又は簡易宿所営業の許可を取得した施設は、建築基準法上は特殊建築物の「ホテル又は旅

館」に、消防法上は、消防法施行令・別表第一５項（イ）に掲げる「旅館、ホテル、宿泊所その他これらに類するもの」に分類され、一般の戸建住宅やマンション・アパートといった共同住宅よりも厳しい建築基準及び消防基準が適用されます[28]。これは、不特定多数の宿泊客が短期的に出入りするホテル等の宿泊施設では、人々が生活の本拠として日々暮らす住宅よりも高い安全性の確保が求められるためです。

　他方、下宿営業の許可を取得した施設は、建築基準法上は特殊建築物の「下宿」に、消防法上は、消防法施行令・別表第一５項（ロ）に掲げる「寄宿舎、下宿又は共同住宅」に分類され、ホテル等に比べて緩やかな建築基準及び消防基準が適用されます。これは、特定された複数の下宿人が日々継続的に暮らす下宿営業の施設では、住宅と同程度の安全性が確保されれば足りると整理されたためと考えられます[29]。

10．宿泊事業者規制の概観と規制緩和の流れ

　ここまでに説明した我が国における宿泊事業者規制の全体像をまとめると図表２―13のようになります。すなわち、利用者の宿泊（滞在）期間を横軸に、施設提供者に課せられる規制の厳しさを縦軸に取ると、利用者の宿泊期間が１ヶ月未満の施設は厚生労働省が管轄する旅館業に該当し、その営業には、原則として、旅館業法の許可が必要になるとともに、旅館業の許可を受けるには、建築基準法上及び消防法上も厳しい基準を遵守しなければなりません。他方、利用者の滞在期間が１ヶ月以上の施設は、一般的に旅館業ではなく不動産賃貸業に該当し、行政の許可なしでの営業が認められ、建築基準法上及び消防法上も住宅扱いとなり、旅館業の施設に比べ緩やかな基準が適

---

[28] 旅館業法に規定される簡易宿所は、建築基準法６条１項１号の特殊建築物として規定されていないが、同法の適用にあたっては、旅館に含まれるものとして取り扱われる（昭和39年９月19日住指発第168号「簡易宿所（建通）」を参照。

[29] 近年では、許可基準が比較的緩い下宿営業の許可を受けて、その結果付与された許可番号を使って旅行サイトに物件を掲載し、当該旅行サイトを通じて１カ月未満の期間にわたる宿泊サービスを提供する事例が生じている。旅館業法上、下宿営業の許可では１カ月未満の期間にわたる宿泊サービスを提供することは認められないため、下宿営業の営業者による当該行為は、旅館業法３条１項で禁止される無許可で旅館・ホテル営業又は簡易宿所営業を営む行為に該当すると考えられる。また、旅行業の登録をした旅行サイトの運営事業者が、旅行者に対し、下宿営業の施設における１カ月未満の期間にわたる宿泊サービスの提供を受けることをあっせんし、又はその提供を受けることに関し便宜を供与する行為は、旅行業法13条３項２号の禁止行為に該当すると考えられる。当該禁止行為が行われることを防ぐため、旅行サイトを運営する旅行業者は、旅館業の施設のサイトへの掲載にあたっては、単に許可番号だけでなく、その営業種別が下宿営業か否かを確認したうえで、下宿営業の施設については１ヶ月未満の宿泊サービスの提供のあっせん等が行われないことを確保する体制を整備する必要がある。

図表2—13：宿泊法規制の概観図

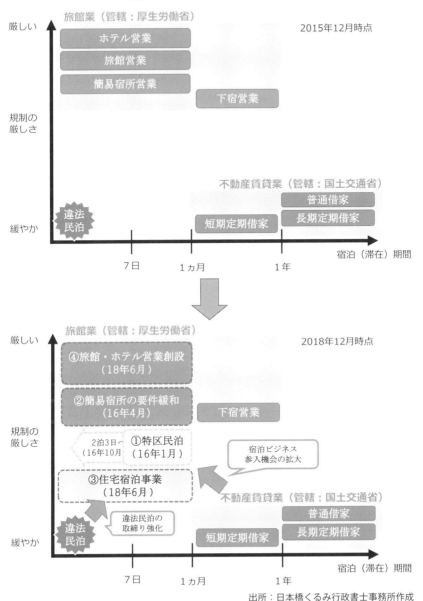

出所：日本橋くるみ行政書士事務所作成

用されます。

　インターネットサイトを通じて１日単位で住宅を提供する民泊事業は、旅館業に該当し、本来、旅館業法を始めとする様々な規制の対象となります。しかし、厚生労働省が2017年３月に公表した調査では、我が国で普及した民泊の多くは、無許可の違法状態で営まれていることが示されました[30]。本来旅館業の営業者が遵守すべき規制を無視した営業は当然にして高い収益性をもたらすため、大都市部を中心に、従来は不動産賃貸業に使われていたマンションの居室や戸建住宅の多くが、利潤追求目的の違法民泊に転用されたものと考えられます。

　急増した無許可民泊の合法化を促す宿泊ビジネスの規制緩和施策及び違法な民泊営業の抑止を図る取締り強化施策として、次の①～④が実施されました。

① 　特区民泊制度の創設

　2014年３月、最低滞在期間を６泊７日とする特区民泊制度を規定した国家戦略特別区域法施行令が公布され、その後2016年１月に東京都大田区、同年４月に大阪府、同年10月に大阪市で特区民泊制度がスタートしました。2016年10月には最低滞在期間を２泊３日とする国家戦略特別区域法施行令の改正が行われ、翌2017年１月には、大阪市及び大阪府において最低滞在日数を６泊７日から２泊３日に短縮する改正条例が施行されました。

② 　簡易宿所営業の要件緩和

　特区民泊は一部の条例施行地域に限り認められた試験的な制度であり、全国的な民泊合法化には十分ではありません。そこで2016年４月に旅館業法施行令等が改正され、それまで簡易宿所営業で要求されていた33㎡の面積要件が緩和されるとともに、厚生労働省から各自治体に通知[31]が発出され、宿泊者の数を10人未満として申請がなされた小規模施設においては、玄関帳場等の設置を不要とする弾力的な運用や条例の改正を促す要請が行われました。この要件緩和により、一部の限られた自治体では運用ルール等が見直され、ワンルームマンション等の小規模施設でも簡易宿所営業の取得が可能となりました。しかし、大半の自治体は、簡易宿所の帳場設置や便所個数等の既存

---

[30] 平成29年３月１日に厚生労働省が公表した「全国民泊実態調査の結果について」では、大都市圏中心市（東京都特別区部及び政令指定市）で民泊仲介サイトに登録されていた民泊施設全8,200件のうち、許可取得が確認できた施設は150件（全体の1.8％）だった。
[31] 平成28年03月30日生食発第330005号「旅館業法施行令の一部を改正する政令の施行等について」

の構造要件を維持又は逆に厳格化したため[32]、簡易宿所営業許可の取得による民泊合法化は期待されたほど進みませんでした。

③　住宅宿泊事業法の制定

既存の旅館業法に基づく民泊合法化の厳しいハードルの存在を踏まえ、2017年6月には年間180日の提供日数制限等を条件として、住宅での宿泊サービスを認める住宅宿泊事業法が公布されました。同法は、2018年6月15日に施行されます。

④　ホテル営業と旅館営業の統合と無許可営業の罰則・取締り強化

2017年12月に旅館業法の一部を改正する法律が公布され、従前の「ホテル営業」と「旅館営業」が「旅館・ホテル営業」に統合されて最低客室数等の構造設備要件が緩和されるとともに、旅館業の無許可営業の罰則厳格化と行政による無許可営業の取締り権限強化が行われました。新旅館事業は、住宅宿泊事業法と同じ2018年6月15日に施行されます[33]。

以上の一連の流れは、無許可の違法民泊事業者にとっては、取締り強化を、不動産賃貸業を営む事業者にとっては、宿泊ビジネスへの参入機会の拡大を意味します。今後は、違法民泊の営業停止又は合法化が加速するとともに、不動産賃貸業と宿泊業を融合させたビジネスが活性化していくでしょう。

次章では、我が国における旅館業法の岩盤規制を突破することを目的に創設された特区民泊制度を解説します。

---

[32] 例えば、東京都台東区では、旅館業法施行令の施行と同日の2016年4月1日に旅館業法施行条例を改正し、旅館業施設における営業時間中の営業従事者常駐義務（条例6条1項5号）及び簡易宿所での玄関帳場の設置義務を定めた。

[33] 旅館業法の一部を改正する法律の施行期日を定める政令（平成30年政令第20号）に規定。

> **コラム** 自治体別・民泊許可要件等の研究②

「渋谷区」
……ラブホテル条例と100㎡の壁

　渋谷駅前のスクランブル交差点が世界的に有名な渋谷区は、日本でも屈指の観光エリアです。しかし、渋谷区で旅館業の許可を得ることは、「渋谷区ラブホテル建築制限条例」（以下、「ラブホテル条例」）により非常に難しいのが現実です。ラブホテル条例は、宿泊施設（ホテル、旅館、又は簡易宿所）の建築確認申請及び旅館業許可申請手続き前に、あらかじめ区長の同意を得なければならないというもので、同意を得るためには、①周囲200m以内の住民に対する説明会の開催、②30㎡以上のロビー、食堂、会議室等の設置、③シングルルームが全体客室面積の１／３以上、④ダブルベッドの客室数は全体の１／５以下等の基準を満たす必要があります。このラブホテル条例が制定された平成18年以降、渋谷区で建築されたホテルはわずか８件であり、本条例が許可取得にとっていかに高いハードルかが理解できるでしょう。

　それでは、これらの基準を満たさずに、渋谷区で旅館業の営業許可を取得するのは不可能かというと、そうではありません。方法は２つあり、①宿泊施設全体をシングルカプセル形態の簡易宿所とする、又は②既存建物からの用途変更の範囲を建築確認申請不要な100㎡以下に抑えることで、ラブホテル条例の適用を除外することができます。ラブホテル条例の趣旨は、ラブホテルを営業可能な建物の建築を規制することであるため、①のように宿泊施設全体がシングルカプセル形態の簡易宿所は条例の適用から除外されています（ラブホテル条例２条１項）。また、当該条例は確認申請を要する新築・用途変更の場合に適用されるため、②に該当する対象面積が100㎡以下の小規模な用途変更は適用対象となりません（同条例２条３項、建築基準法87条１項及び同法６条１項１号）。

　これらラブホテル条例の適用がないケースでは、通常の建築物の建築・旅館業営業許可申請と同様の手続きで旅館業の許可を受けられます。なお、用途変更の対象面積が100㎡以下の場合は、確認申請の手続は不要とされます（第Ⅴ章３(2)②を参照）。確認申請が不要の場合であっても、建築主には施設を建築基準法に適合させる義務があり、法適合のための工事等を行う必要がある点には留意しましょう。

第Ⅲ章　国家戦略特別区域法に基づく外国人滞在施設経営事業(特区民泊)

　前章で解説したとおり、住宅を活用して有償で宿泊サービスを提供する民泊を継続反復して営むには、原則として、旅館業法の許可が必要となります。しかし、同法の厳しい構造設備要件や建築基準法等の要求により、住宅で旅館業法の許可を得るのは容易ではありません。旅館業法の厳しい規制を緩和し、住宅の宿泊施設としての活用を促進するため、国家戦略特別区域法に基づく旅館業法の特例措置として国家戦略特別区域外国人滞在施設経営事業[34]（以下、特区民泊）が創設されました。

1. 国家戦略特別区域法の概要

　国家戦略特別区域法は、国家戦略特別区域（以下、国家戦略特区）と呼ばれる経済特区を定め、同地域内で規制改革を大胆に推進することで我が国における岩盤規制[35]の突破口を開くことを目的として、2013年12月に施行された法律です。

　国家戦略特区には、医療、教育、観光、外国人材等の様々な分野での規制改革メニューが用意されています（図表3－1）。

図表3－1：国家戦略特区における規制改革メニューの例

分野	規制改革事項	初の活用自治体
教育	公立学校運営の民間への開放（公設民営学校の設置） グローバル人材の育成や個性に応じた教育等のため、教育委員会の一定の関与を前提に、公立学校の運営を民間に開放。	愛知県
観光	滞在施設の旅館業法の適用除外（特区民泊） 国内外旅行客の滞在に適した施設を賃貸借契約に基づき3日から10日以上使用させ、滞在に必要な役務を提供する事業を行おうとする者が、都道府県知事の認定を受けた場合は、旅館業法を適用しない。	東京都大田区

[34] 同事業は外国人の滞在に適した施設の提供を求めているものの、施設の利用者は外国人に制限されるものではない。
[35] 利害関係者の反対により容易に規制緩和・撤廃ができない規制をいう。

	古民家等の歴史的建築物に関する旅館業法の適用除外 地方自治体の条例に基づき選定される歴史的建築物について、施設基準の適用を一部除外し、ビデオカメラが設置され、緊急時の対応の体制が整備されている場合はフロントなしで認める。	養父市
外国人材	家事支援外国人材の活用 外活用女性の活躍推進等のため、地方自治体等による一定の管理体制の下、家事支援サービスを提供する企業に雇用される外国人の入国・在留を可能化。	神奈川県

出所：内閣府ホームページを基に日本橋くるみ行政書士事務所作成

　各指定区域には、国・地方公共団体・民間の三者から組織される国家戦略特別区域会議（以下、「区域会議」という。）が設置されます。区域会議は、国家戦略特区で活用する規制改革メニューの具体的内容を定める区域計画を協議・作成します。区域計画が内閣総理大臣の認定を受けると、区域計画に基づき規制改革メニューの実施が可能となります。

　2018年1月末現在、国家戦略特区に指定された区域は、東京圏及び関西圏を含む10地域です（図表3－2）。

図表3－2：国家戦略特区の指定区域（2018年1月現在）

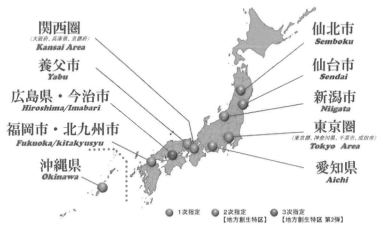

出所：内閣府ホームページ　http://www.kantei.go.jp/jp/singi/tiiki/kokusentoc/

2．特区民泊の概要

　特区民泊は、観光分野の規制改革メニューの一つとして国家戦略特別区域

法13条に定められた旅館業法の特例措置であり、国家戦略特別区域において、滞在に適した施設を賃貸借契約に基づき一定期間以上使用させ、滞在に必要な役務を提供する事業として政令で定める要件に該当するものをいいます。

(1) **実施地域**

特区民泊を定めた区域計画が内閣総理大臣の認定を受けると、特区民泊を行おうとする者は、当該区域計画に記載された実施地域の都道府県知事（保健所を設置する市又は特別区にあっては、市長又は区長。以下、「都道府県知事等」という。）の認定を受けることができます。当該都道府県知事等による認定を「特定認定」といい、特定認定を受けた者は「認定事業者」といいます。

2018年1月末時点では、東京圏、関西圏、福岡市・北九州市、新潟市の区域計画において、東京都大田区と千葉市、大阪府と大阪市、北九州市、新潟市のそれぞれ一部が特区民泊の実施地域に指定され、内閣総理大臣の認定を受けています。

(2) **最低滞在期間**

政令で定める要件の一つに最低滞在期間があり、特区民泊の施設を使用させる期間は、3日から10日までの範囲内において自治体の条例で定める期間以上とする必要があります（国家特別戦略区域法施行令12条2項）。例えば、当該期間を条例で最短の3日と定めた自治体では、認定事業者は利用者に対し、2泊3日以上の期間で施設を提供しなければなりません。なお、住宅宿泊事業と異なり、特区民泊に年間提供可能日数の上限はありません。

2014年3月の国家特別戦略区域法施行令公布当初の最低滞在期間は7日でしたが、2016年10月の同施行令改正により3日に短縮されました。2018年1月時点では、大阪府、大阪市、北九州市、新潟市及び千葉市の5自治体が条例により最低滞在期間を3日と定めており、また、特区民泊制度の開始当初から7日を維持してきた東京都大田区においても、最低滞在期間を3日とする改正条例が2018年3月15日に施行されます。（図表3－3）。

3．特区民泊の法的位置付け

旅館業法の特例として設けられた特区民泊の法的位置付けに関する旅館業（簡易宿所営業）と及び住宅宿泊事業との比較は、図表3－4のとおりです。

図表3—3:特区民泊を実施する自治体の比較

項　目	大田区	大阪府	大阪市	北九州市
条例施行日	2016年1月29日	2016年4月1日	2016年10月31日	2016年12月20日
最低滞在日数	（6泊）7日(*1)	（2泊）3日		
認定施設数（居室数）	50施設（264室）	6施設（12室）	430施設（1,212室）	1施設（1室）

(*1) 2018年3月15日に（2泊）3日に短縮。
(*2) 2018年1月25日時点では、新潟市及び千葉市における認定実績はない。
出所：内閣府「国家戦略特区　特区民泊について（平成30年1月25日更新）」を基に日本橋くるみ行政書士事務所作成

図表3—4：旅館業、特区民泊、住宅宿泊事業の法的位置付けの比較

比較項目	旅館業（簡易宿所）	住宅宿泊事業	特区民泊
最低滞在期間（日数制限）	なし（なし）	なし（年間上限180日）	3日～10日以上（なし）
契約形態	規定なし(*1)		賃貸借契約
営業スタイル	多数人共用	制限なし	1グループ貸し
旅館業法	適用あり	特別に適用除外	
罰則規定	懲役・罰金等	懲役・罰金等	なし（認定取消のみ）
建築基準法	ホテル又は旅館	住宅扱い（住宅、共同住宅、長屋、寄宿舎）	
消防法	旅館・ホテル（5項イ）(*2)		
旅行業法	適用あり		

(*1) 一般的には宿泊サービス契約が結ばれる
(*2) 住宅宿泊事業の届出住宅のうち、家主が不在とならないもののうち、宿泊室の床面積合計が50㎡以下のものは住宅（5項ロ）扱いとなる

出所：日本橋くるみ行政書士事務所作成

　私法上の契約形態の違いとして、旅館業法と住宅宿泊事業法には、事業者と利用者との間で結ばれる契約形態に特段の規定はなく、一般的に宿泊サービス契約[36]が結ばれるのに対して、特区民泊では両者の間で必ず賃貸借契約を結ぶことが規定されています。

　行政法上の違いとして、宿泊事業者規制の観点からは、簡易宿所営業には旅館業法が適用され、その営業施設の建築基準法上の用途は「ホテル又は旅

---

[36] 宿泊サービス契約には具体的な定義はないが、民法上は、解約の申入れの日から1日で終了する貸席の賃貸借（民法617条1項3号）と食事、清掃、アメニティ等の複数のサービス・財を提供する混合契約（非典型契約）であると考えられる。宿泊サービス契約が一時使用ではない建物の賃貸借（民法617条1項2号）の要素を含まない限り、一般的に借地借家法は適用されないと考えられる。

館」となるのに対し、特区民泊は旅館業法が特別に適用除外となり、認定施設の建築基準法上の用途は住宅扱いとなります。この結果、旅館業法に基づく厳しい構造設備基準や建築基準法令への適合が要求される旅館業法の許可に比べ、特区民泊では特定認定を受ける要件が大幅に緩和されています。住宅宿泊事業も特区民泊と同様に旅館業法の適用除外とされ、届出住宅の建築基準法上の用途は住宅扱いとされたことにより、同事業を営むための要件が大幅に引き下げられています。

また、仲介業者規制の観点からは、特区民泊施設における賃借を紹介・あっせんする事業は、宅地建物取引業の規制を受けず、旅館業の営業施設及び住宅宿泊事業の届出住宅における宿泊サービスを手配する行為と同様に旅行業法の規制対象となります。

(1) 契約形態―借地借家法との関係

国家戦略特別区域法13条の定めにより、特区民泊施設における認定事業者と利用者との契約形態は、宿泊サービス契約ではなく賃貸借契約としなければなりません。特区民泊では、期間の定めがある賃貸借をすることになるため、実務上は借地借家法38条に規定する定期建物賃貸借契約が用いられます[37]。

定期建物賃貸借契約を用いる場合は、借地借家法第38条の規定に基づき、あらかじめ、建物の賃借人に対し、同条の規定による建物の賃貸借は契約の更新がなく、期間の満了により当該建物の賃貸借は終了することについて、その旨を記載した書面を交付して説明しなければなりません。

また、賃貸借契約に基づき、滞在期間中は賃借人が施設の排他的・独占的な利用権を有するため、認定事業者は、当該期間中に別の者と施設の賃貸借契約を結ぶことはできません。すなわち、特区民泊では、施設を多数人が共用する簡易宿所営業で行われる、不特定多数の者を相部屋に宿泊させる"追い込み式"や家主が居住する住宅の一部を提供する"家主同居型"の営業スタイルは認められず、賃借人とその同居人の1グループに施設の居部を提供する"家主不在型のグループ貸し"の営業スタイルのみが可能です。もし特区民泊施設に賃借人及び同居人以外の者が滞在（宿泊）した場合は、政令で

---

[37]特区民泊施設における賃貸借契約を借地借家法40条による一時使用目的と位置付けることも可能である。しかし、一時使用目的の賃貸借かどうかは、その利用目的、賃貸期間等諸般の事情を総合考慮し、客観的観点から決定されるため、あとから一時使用目的に当てはまらず、当該契約が期限の定めのない賃貸借契約とみなされるリスクがある。定期借家制度が利用可能な現在では、期間の満了により賃貸借が確実に終了する定期建物賃貸借契約を用いることで、当該リスクを回避することが可能である。

定める認定要件の違反となり、認定が取り消されることがあります[38]。
(2) 旅館業法との関係

　契約形態が賃貸借契約であっても、利用者の滞在期間が1ヶ月未満の場合には、当該施設を利用者に提供する事業は旅館業に該当すると解され（本書第Ⅱ章3(4)を参照）、当該事業を営むには、原則として、旅館業法の許可を受けなければなりません。しかし、認定事業者が行う特区民泊は、特別に旅館業法の許可を受けずに営むことができます（国家特別戦略区域法13条4項）。

特区民泊の構造設備基準

　特区民泊には、旅館業法の規制が適用されないため、施設には、玄関帳場の設置や最低便所個数といった旅館業法の構造設備基準は適用されず、代わりに、国家戦略特別区域法施行令等に定める構造設備基準が適用されます（図表3－5）。

図表3－5：旅館業、特区民泊、住宅宿泊事業の構造設備基準の比較

	旅館業		特区民泊	住宅宿泊事業
	旅館・ホテル営業	簡易宿所営業		
最低客室数	1室	1室	1室	1室
1客室の最低床面積	7㎡(*1)	33㎡（内法）(*2)	25㎡(*3)	1人当たり3.3㎡(*4)
玄関帳場	原則必要(*5)	原則不要(*6)	不要	不要
台所	不要	不要	要	要
便所	各室1個	条例等による(*7)	1個	1個
浴室	原則必要(*8)		要	要
洗面設備	要	要	要	要

（*1）寝台（ベット）を置くにあっては9㎡
（*2）定員10名未満の場合は3.3㎡×宿泊定員数となる。
（*3）都道府県知事等が認めた場合はこの限りではない
（*4）厚生労働省関係住宅宿泊事業法施行規則1号
（*5）玄関帳場等に代替する機能を有する設備を備える場合は不要
（*6）条例によって玄関帳場の設置義務を定める自治体あり
（*7）各自治体の条例・規則により、最低便所個数は概ね1～3個と定められている
（*8）施設に近接して公衆浴場がある等入浴に支障を来さないと認められる場合は不要
　　　　　　　　　　　　　　　　　出所：日本橋くるみ行政書士事務所作成

---

[38] 大阪府健康医療部環境衛生課　平成29年2月「国家戦略特別区域外国人滞在施設経営事業に関するガイドライン」「3善良な風俗、治安の保持」「契約者以外の滞在の禁止」を参照。

特区民泊の最低床面積は、国土交通省が定める「住生活基本計画」に掲げる単身者の最低居住面積水準25㎡と整合的に定められたものです。ただし、施設の所在地を管轄する都道府県知事等が、外国人旅客の快適な滞在に支障がないと認めた場合には、25㎡未満の居室でも特定認定を受けることができます（国家戦略特別区域法施行令12条3号イ）。

特区民泊施設に必要な主な設備は、台所、便所、浴室及び洗面設備です。住宅に通常備わる、これら4点セットが設備要件とされているのは住宅宿泊事業と共通です。

<u>法令違反の罰則規定</u>

法令に違反する行為をした事業者に対して罰則規定を設けている旅館業法及び住宅宿泊事業法と対照的に、国家戦略特区法令には、認定事業者が同法令等に違反する行為（例：各種変更の届出を怠る、最低滞在期間に満たない期間で施設を利用者に賃貸する、施設を同一期間に複数人に賃貸する等）をした場合における、当該認定事業者に対する罰則規定はありません。

都道府県知事等は、国家戦略特別区域法令に違反した認定事業者に与えた特定認定を取り消すことができ（国家戦略特別区域法13条9項3号）、当該事業者が特定認定の取り消し後に旅館業に該当する営業を継続した場合には、無許可で旅館業を営んだ者として、旅館業法に基づく罰則規定の対象となります（旅館業法10条1号）。

(3) 建築基準法との関係

特区民泊制度の創設にあたり、特区民泊施設は、最低滞在期間が7日であることを踏まえ、建築基準法上の用途は住宅（住宅、長屋、共同住宅又は寄宿舎）として扱うこととされました。

その後、2016年10月に行われた最低滞在期間を3日に短縮する施行令改正に伴い、国土交通省は、滞在期間を3日から6日までとする特区民泊施設の建築基準法上の用途を住宅扱いとするために必要な基準を示す通知を発出しました[39]。

① 滞在期間が3〜6日の施設が適合すべき基準

滞在期間を3〜6日とする特区民泊施設においては、国土交通省の通知を受けた条例等に基づき、施設を通常の住宅よりも厳しい防火避難基準に適合させる必要があります。さらに、通常規模を超える規模の戸建住宅を利用し

---

[39] 平成28年11月11日国住指第2706号・国住街第142号「国家戦略特別区域外国人滞在施設経営事業の用に供する施設の建築基準法における取扱いについて（技術的助言）」

た特区民泊施設では、ホテル・旅館に準じた一定の基準を満たさない限り、施設のうち滞在者が利用できる部分を制限しなければなりません（図表3―6）。

図表3―6：滞在期間3～6日の特区民泊施設が適合すべき基準

対象となる建築物			主な適合すべき基準
共同住宅			・非常用照明装置の設置(*3) ・警報器等の設置(*4)
戸建住宅	通常規模(*1)		・非常用照明装置の設置(*3) ・警報器等の設置(*4)
	通常規模を超える規模	3階建以上	・3階以上の階に、滞在者が利用する部分（滞在者が利用する寝室、廊下、浴室等の部分）を設けないこと(*5)
		2階以上の1つの階の床面積が100㎡超(*2)	・原則として2階以上の1つの階における滞在者が利用する部分の床面積の合計が100㎡(*2)を超えないこと
		全体の床面積が200㎡超	・原則として滞在者が利用する部分の床面積の合計が200㎡を超えないこと

（*1）2階建て以下、延べ面積200㎡以下及び各階の床面積100㎡以下の建築物をいう
（*2）主要構造部が準耐火構造であるか、又は不燃材料で造られている建築物の場合は、「100㎡」を「200㎡」とする
（*3）平成12年建設省告示第1411号に該当しない居室等が設けられている建築物の場合
（*4）一の特区民泊施設に、防火上主要な間仕切壁が設けられている建築物の場合
（*5）耐火建築物の場合はこの限りではない

出所：日本橋くるみ行政書士事務所作成

用途変更の確認申請の手続と異なり、滞在期間が7日未満の特区民泊施設に課される基準への適合は行政に申請する必要はありませんが、施設の所有者、管理者等は、当該建築物を常時適法な状態に維持するように努める義務があります。上記の基準に適合しない場合は、その特区民泊施設の建築基準法上の用途を「ホテル又は旅館」として法適合させる必要が生じ、結果として当該施設が違法建築物となる可能性があります[40]。

なお、住宅宿泊事業の届出住宅についても、滞在期間を3～6日とする特区民泊施設に課されるものと同等の基準への適合が要求されます[41]。

② 特定認定が既存建築物の建築基準法上の用途に与える影響

---

[40] 平成29年2月に大阪市都市計画局建築指導部が公表した「国家戦略特別区域外国人滞在施設経営事業の用に供する施設（特区民泊）の 建築基準法上の取扱いについて」において、基準に適合しない場合は建築基準法上の用途を「旅館」として法適合する必要がある旨が示されている。
[41] 平成29年11月28日 国土交通省告示第1109号「非常用照明器具の設置方法及び火災その他の災害が発生した場合における宿泊者の安全の確保を図るために必要な措置を定める件」

滞在期間が7日以上の特区民泊施設及び滞在期間が3～6日であって国土交通省の告示に定める一定の基準に適合した特区民泊施設の建築基準法上の用途は、その形態に応じて「住宅」、「長屋」、「共同住宅」又は「寄宿舎」のいずれかとなります。

既存の建築物の一部又は全部において特区民泊の特定認定を受けた場合の建築基準法上の用途は、図表3－7のとおり整理されます。

図表3－7：既存建築物で特区民泊を行う場合の用途

類型	既存用途	特区民泊で認定を受けた場合の建築基準法上の用途判断[*1]	用途変更申請の要否
1	共同住宅	共同住宅	不要
2	長屋	長屋	不要
3	一戸建ての住宅	一戸建ての住宅	不要
4－1	その他（戸数1）	住宅	不要
4－2	その他（戸数2以上）	共同住宅等	要（100㎡超の場合）

(*1) 寄宿舎として使用される場合は、用途変更申請が必要になることがある。
出所：大阪市都市計画局建築指導部「国家戦略特別区域外国人滞在施設経営事業の用に供する施設（特区民泊）の建築基準法上の取扱いについて」

既存用途が住宅（共同住宅、長屋、一戸建ての住宅）の建築物で特定認定を受ける場合（図表3－7の類型1～3）は、既存の住宅としての用途が引き継がれます。

既存用途が住宅以外の建築物（例：用途が事務所のオフィスビル）で特定認定を受ける場合は、戸数により用途変更の確認申請の要否が異なります。

例えば、用途が事務所のオフィスビルの1戸が特定認定を受けた場合（図表3－7の類型4－1）では、認定施設の建築基準法上の用途は一般建築物としての「住宅」扱いになります。特殊建築物への用途変更ではないため、認定施設の床面積にかかわらず、用途変更の確認申請は不要です。

他方、同様のビルにおいて2戸以上が特定認定を受けた場合（図表3－7の類型4－2）は、一棟の中に2つ以上の住宅が生じるため、当該ビルの一部用途は特殊建築物である「共同住宅[42]」扱いになります。すると特殊建築

---

[42] 共同住宅とは、2以上の住戸を有する一の建築物で、隣接する住戸間又は上下で重なり合う住戸間で内部での行き来ができない完全分離型の構造を有する建築物のうち、廊下・階段等を各住戸で共有する形式のものをいう。

物への用途変更となるため、特区民泊の用途に供する部分[43]の床面積[44]が100㎡を超える場合には、用途変更の確認申請が必要となります。

なお、前述のとおり特区民泊では認定施設ごとに便所・台所・浴室等の設備が必要であり、営業スタイルもグループ貸ししか認められないため、認定施設の建築基準法令上の用途が寄宿舎[45]に該当するケースはほとんど存在しないと考えられます。

(4) 消防法との関係

特区民泊施設は、消防法施行令別表第一（図表3―8）に掲げる防火対象物のうち、5項イの「その他これらに類するもの[46]」に該当し、ホテルや旅館と同じ消防法令の基準が適用されます。

図表3―8：消防法施行令・別表第一の抜粋

（一）～（四）	（略）
（五）	イ　旅館、ホテル、宿泊所その他これらに類するもの ロ　寄宿舎、下宿又は共同住宅
（六）～（十）	（略）
（十一）	神社、寺院、教会その他これらに類するもの
（十二）～（十五）	
（十六）	イ　複合用途防火対象物のうち、その一部が（一）項から（四）項まで、（五）項イ、（六）項又は（九）項イに掲げる防火対象物の用途に供されているもの ロ　イに掲げる複合用途防火対象物以外の複合用途防火対象物
（十七）～（二十）	（略）

特区民泊は、マンション等の共同住宅の1戸単位でも認定を受けやすい制度であるため、消防法の観点からは、一棟の建物の中に5項ロの共同住宅と5項イの特区民泊施設が混在するケースが多く発生します。

---

[43] 共同住宅における「特区民泊の用途に供する部分」とは、住戸の外に設けられた廊下やエントランスホール、便所などの共用部、並びに管理室や倉庫などのバックヤードの面積も含む。
[44] 壁芯又は柱心で算定する。
[45] 寄宿舎とは、1室に1人あるいは複数人が同居し便所・台所・浴室などが1ヵ所又は数ヵ所に集中して設けられる居住施設をいう。
[46] 平成15年2月21日　消防予第55号「令別表第一の改正に伴う消防法令の運用について」において、5項イ「その他これらに類するもの」の判断基準として(ｱ)不特定多数の者の宿泊が継続して行われていること、(ｲ)ベッド、長いす、リクライニングチェア、布団等の宿泊に用いることが可能な設備、器具等があること、(ｳ)深夜営業、24時間営業等により夜間も客が施設にいること、(ｴ)施設利用に対して料金を徴収していることの4つが示されている。当該判断基準に照らすと、住宅宿泊事業法における届出住宅も、原則として「その他これに類するもの」に該当すると解される。

このように2つ以上の用途に供される防火対象物のうち一定のものを「複合用途防火対象物」といい（消防法8条1項）、複合用途防火対象物のうちその一部が5項イに該当する防火対象物の用途に供されているものは16項イの複合用途防火対象物に分類され、原則として、建築物全体に対して5項イの旅館・ホテルに準じた厳しい消防基準が適用されます。ただし、16項イの複合用途防火対象物のうち、5項イに該当する防火対象物の用途に供される部分の床面積の合計が一棟全体の延べ面積の10分の1以下であり、かつ、300㎡未満であるものは「小規模特定用途複合防火対象物」となり、旅館・ホテルに準じた厳しい消防基準は原則として5項イに該当する用途に供される部分のみに適用されます。以上をまとめた表は図表3—9のとおりです。

図表3—9：共同住宅、特区民泊施設及び両者の混在施設の消防法の取扱い

施設の用途 消防法 の取扱い	全て 共同住宅	共同住宅と特区民泊が混在		全て特区民泊
		特区民泊部分 10％以下かつ 300㎡未満	左記以外	
消防法上の分類	5項ロ 非特定防火 対象物	16項イ 小規模特定用途 複合防火対象物	16項イ 複合用途 防火対象物	5項イ 特定防火 対象物
旅館・ホテルの 厳しい消防基準 の適用範囲	適用なし	原則として特区 民泊部分にのみ 適用	原則として 建物全体に適用	

出所：日本橋くるみ行政書士事務所作成

　共同住宅の一部を特区民泊施設とした場合に要求される具体的な消防設備の設置範囲は、第Ⅴ章4(4)を参照ください。

(5) **仲介業者規制—旅行業法及び宅地建物取引業法との関係**

　旅行業とは、報酬を得て、旅行者と運送・宿泊サービス提供機関の間に入り、旅行者が運送又は「宿泊のサービス」の提供を受けられるよう、複数のサービスを組み合わせた旅行商品の企画や個々のサービスの手配をする行為を行う事業をいいます（旅行業法2条1項）。観光庁の示した資料によると、「宿泊のサービス」とは「旅館業法に基づく旅館業に該当するサービス」、すなわち第Ⅱ章4「旅館業の定義」に掲げる4要件を満たす行為」を指すとされています[47]。

---

[47] 「民泊サービス」のあり方に関する検討会第一回（平成27年11月27日開催）資料4—3「旅行業法について」の中で「宿泊のサービス」の定義が示されている。

このため、旅館業の営業施設で提供される宿泊サービスはもちろん、それ以外の場所（例：特区民泊の認定施設、住宅宿泊事業の届出、これらを受けない違法民泊施設）において提供される旅館業に該当するサービスを手配する行為も旅行業に該当し、当該手配を行おうとする者は、原則として旅行業の登録を受けなければなりません（旅行業法3条）。

他方で、特区民泊では、認定事業者と利用者の間で賃貸借契約が結ばれるため、当該賃借を紹介・あっせんする行為が、宅地建物取引業法の規制対象である「賃借の代理又は媒介」にも当たるかが問題となります。この論点に対する国土交通省の見解として、提供される施設に生活の本拠を有しないと考えられる滞在者を対象として、寝具等を備えた施設（すなわち、旅館業施設や特区民泊施設）をあっせん・紹介する事業については、宅地建物取引業には該当しない旨が示されています[48]。

以上をまとめると、各仲介業者が仲介可能な施設の組み合わせは、図表3―10のとおり整理されます。

図表3―10：仲介業者と仲介可能施設の関係

提供行為の旅館業該当性	利用者の生活の本拠	対象施設の許可・届出等の状況	仲介業者		
			旅行業者	住宅宿泊仲介業者	宅地建物取引業者
旅館業に該当する	なし	旅館業の許可	○	×	×
	なし	特区民泊の特定認定	○	×	×
	なし	住宅宿泊事業の届出	○	○	×
	なし	無許可・無届	×(*1)	×(*2)	×
旅館業に該当しない	なし	イベント民泊の要請	○(*3)	×	×
	あり	なし（不動産賃貸業）	×	×	○

○：仲介可能な組み合わせ、×仲介できない組み合わせ
(*1) 違法な宿泊サービスの仲介は旅行業法13条3項2号の規定により禁止される。
(*2) 違法な宿泊サービスの仲介は住宅宿泊事業法58条2号の規定により禁止される。
(*3) イベント民泊で居宅を利用者に提供する行為は旅館業には該当しないが、住宅宿泊事業法施行要領においてイベント民泊を仲介する者は、原則として、旅行業の登録を受けなければならない旨が示されている（第Ⅵ章2(2)②を参照）。
出所：住宅宿泊事業法施行要領（ガイドライン）を基に日本橋くるみ行政書士事務所作成

---

[48] 平成26年12月5日国土動第87号「国家戦略特別区域法における国家戦略特別区域外国人滞在施設経営事業と宅地建物取引業法の関係について」

4．特区民泊の特定認定要件

特区民泊を営むには、対象施設が特定認定の要件を満たす必要があります。特定認定の申請前に最低限確認すべき要件として、(1)対象施設が特区民泊の実施地域内に所在すること、(2)居室の構造設備が備わっていること、(3)対象施設が区分所有建物の場合、当該施設を特区民泊の用に供することが管理規約に違反しないこと、(4)対象施設が賃借又は転借建物の場合、当該施設の所有者及び全ての賃貸人が特区民泊の用に供することを承諾していることの4つが挙げられます。

(1) 実施地域の確認

特区民泊の実施地域は、国家戦略特別区域の各指定区域が定める区域計画に記載されます。特区民泊を実施している東京都大田区、大阪市、北九州市、新潟市における実施地域の比較は、図表3—11のとおりです[49]。

図表3—11：自治体別・特区民泊の実施地域

自治体 \ 用途地域	第一種低層住居専用地域	第二種低層住居専用地域	第一種中高層住居専用地域	第二種中高層住居専用地域	第一種住居地域	第二種住居地域	準住居地域	近隣商業地域	商業地域	準工業地域	工業地域	工業専用地域	市街化調整区域	非線引区域	都市計画区域外
特区民泊 大田区					▲	○	○	○	○	○					
特区民泊 大阪市					▲	○	○	○	○	○					
特区民泊 北九州市	○	○											○		
特区民泊 新潟市													○		
特区民泊 千葉市			○	○	○	○									
住宅、長屋、共同住宅、寄宿舎、下宿	○	○	○	○	○	○	○	○	○	○	○		○	○	○
ホテル、旅館、簡易宿所					▲	○	○	○	○	○				○	○

○：特区民泊／旅館業が可能な用途地域　▲：3000㎡以下のものに限る

出所：日本橋くるみ行政書士事務所作成

特区民泊の活用により、都市部におけるホテル等の宿泊施設不足の解消を

---

[49] 大阪府の実施地域は、①市街化区域のうち工業専用地域を除く全域で実施する市町村（例：泉佐野市）、②市街化地域のうち、ホテル・旅館を建築できない地域を除く地域に限る市町村（例：和泉市）、③現時点では実施しない市町村（例：吹田市）の3つに区分される。

目指す大都市と、郊外・田園部における観光・地域振興と空き家活用を目指す地方都市の政策目標の違いを反映して、東京都大田区や大阪市はホテル等の建築が認められる商業地域等の中心エリアを実施地域に指定しているのに対して、北九州市、新潟市及び千葉市はホテル等の建築が禁止される住居専用地域や市街化調整区域といった郊外エリアを実施地域に指定しています。大阪市と千葉市の実施地域を示した地図は、それぞれ図表3—12、図表3—13を参照ください。

(2) **居室の構造設備**

特定認定を受けるにあたり必要となる居室の構造設備要件は次のとおりです（国家戦略特別区域法施行令12条3号）。

① 一居室の床面積は、原則として25㎡以上[50]であること。
② 出入口及び窓は、鍵をかけることができるものであること。
③ 出入口及び窓を除き、居室と他の居室、廊下等との境は、壁造りであること。
④ 適当な換気、採光、照明、防湿、排水、暖房及び冷房の設備を有すること。
⑤ 台所、浴室、便所及び洗面設備を有すること。
⑥ 寝具、テーブル、椅子、収納家具、調理のために必要な器具又は設備及び清掃のために必要な器具を有すること。

(3) **区分所有建物における管理規約**

分譲マンション等の区分所有建物の一部で特区民泊が営まれる場合、建物に不特定多数の旅行者が出入りして住民の生活に影響が出るのはもちろん、建物の共用部分に消防用設備の追加設置が必要となったり、建物全体に厳しい防火管理関係の基準が適用されたりして、管理組合に追加の費用負担が生じることがあります。

特区民泊により影響を受ける可能性のある他の区分所有者を保護するため、区分所有建物において特定認定を受けるには、管理規約・管理組合が特区民泊を禁止していないことが必要となります。特区民泊と管理規約・管理組合との関係について、内閣府が次の取扱いが示しています[51]。

<u>管理規約に特区民泊としての使用可否が明示されている場合</u>

管理規約において、区分所有者がその専有部分を特区民泊に使用すること

---

[50] 面積の測定方法は、新潟市及び千葉市では内法測定、その他の実施地域では壁芯測定とされている。
[51] 平成28年12月9日 内閣府地方創生推進事務局「区分所有建物における特区民泊の実施について（通知）」

第Ⅲ章　国家戦略特別区域法に基づく外国人滞在施設経営事業（特区民泊）

図表３—12：大阪市内における特区民泊実施地域

出所：関西圏　国家戦略特別区域　区域計画　別図２（平成29年5月22日認定）

図表３—13：千葉市における特区民泊実施地域

出所：千葉市ホームページ（平成29年12月15日認定）

53

が「できる」旨を明示した規定があるときは、特定認定の対象となり、一方で、「禁止する」旨を明示した規定があるときは、特定認定の対象とはなりません。

管理規約が標準管理規約のままである場合

　管理規約が標準管理規約のままであり、「区分所有者は、その専有部分を専ら住宅として使用するものとし、他の用途に供してはならない。」との規定があるときは、特区民泊はもともと、住宅としての施設利用を前提とした制度であることから、「住宅として使用するもの」にあたらないとの管理組合の解釈が決議されているなど、管理組合の意思が専有部分を特区民泊の用に供することを禁ずるものと認められる場合を除き、特定認定の対象となります[52]。

　すなわち、管理規約が標準管理規約のままの場合、原則として、特区民泊の特定認定が認められるため、特区民泊の実施を禁止又は制限したい管理組合は、国土交通省が発出した通知[53]に基づき、次の下線部のように管理規約を改正しておくことが考えられます。

＜特区民泊を禁止又は制限する管理規約文言の例示＞

第〇条　区分所有者は、その専有部分を専ら住宅として使用するものとし、他の用途に供してはならない。

（例１：特区民泊を禁止する場合の一例）

２　区分所有者は、その専有部分を国家戦略特別区域法第13条第１項の特定認定を受けて行う国家戦略特別区域外国人滞在施設経営事業に使用してはならない。

（例２：使用細則に委ねることとする場合の一例）

２　区分所有者が、その専有部分を国家戦略特別区域法第13条第１項の特定認定を受けて行う国家戦略特別区域外国人滞在施設経営事業に使用することを可能とするか否かについては、使用細則に定めることができるものとする。

　特定認定を受けようとする施設が区分所有建物の場合には、管理規約の内容を確認するとともに、管理組合に特区民泊の可否を事前に問い合わせるこ

---

[52] ただし、規約の解釈は管理組合において行われることを理由とし、管理規約が標準管理規約のままであっても、特定認定にあたり管理組合の承諾書の提出を求める自治体も存在する

[53] 平成28年11月11日国住マ第39号・国住賃第22号「特区民泊の円滑な普及に向けたマンション管理組合等への情報提供について」

とが重要です。管理規約が特区民泊を禁止する文言を含む場合や管理組合が特区民泊を禁止する旨の決議をしている場合には、当該施設での特定認定は認められません。

(4) 賃借又は転借建物における転貸禁止条項

賃借又は転借した建物において特区民泊の特定認定を受けようとする場合、賃貸借契約における転貸禁止条項との関係が問題となります。我が国における賃貸借契約書は賃借人による転貸禁止条項を定めているのが一般的であり、また、仮に契約上に転貸禁止条項の記載がない場合であっても、民法612条の規定により、賃借人による賃借権の無断譲渡及び無断転貸が禁止されます。

この点についても、内閣府地方創生推進事務局が発出した通知[54]において、賃借又は転借した建物において特区民泊を実施するには、後のトラブル防止の観点から、次の対応が望ましいと考えられる旨が示されています。

① 貸主及び転貸人は、事業予定者が行う事業内容について事前に確認し、転貸の条件などについて、貸主、転貸人及び事業予定者の間で協議すること。
② 協議内容を原賃貸借契約書（転貸人と事業予定者との契約は転貸借契約書）に反映させること。

賃貸借契約書に転貸禁止条項が含まれる場合又は転貸について何ら規定がない場合には、貸主に対して転貸承諾を求める交渉を行うことが必要となります。また、転貸人が存在する場合には、転貸人に対しても同様の交渉を行う必要があります。

5．特定認定の申請手続

特定認定を受けようとする施設が最低限の要件（実施地域、1居室の床面積25㎡を含む構造設備、管理規約、転貸許可等）を満たすことを確認したら、特定認定の申請手続を行います。大阪市を例にとると、申請手続は次の流れで進めます。

(1) 保健所への事前相談
(2) 建築審査課への事前相談（必要な場合のみ）

---

[54] 平成28年11月11日国住マ第39号・国住賃第22号「特区民泊の円滑な普及に向けたマンション管理組合等への情報提供について」

(3) 消防署との調整
(4) 近隣住民への事前説明
(5) 認定申請
(6) 事業開始

(1) **保健所への事前相談**

特定認定業務の窓口となる大阪市保健所・環境衛生監視課（旅館業指導グループ）に、施設の図面（換気設備、採光、暖房、冷房、台所、浴室、便所、洗面設備及び寸法の分かるもの）等を持参して事前相談を行います。この段階で、実施地域や構造設備といった主な要件がチェックされます。

(2) **建築確認課への事前相談（必要な場合のみ）**

戸建住宅や共同住宅で特定認定を受けようとする場合には、建築基準法上の用途に影響はないため、建築関係を所管する大阪市都市計画局建築指導部建築確認課への事前相談は不要です。しかし、用途が住宅以外の建築物（例：オフィスビル）において、特区民泊の用途に供する部分の床面積が100㎡を超える範囲で、一棟内で2戸以上の特定認定を受けようとする場合には、建築確認課に事前相談を行い、必要な工事等を行った上で、共同住宅への用途変更の確認申請を行わなければなりません（本章3(3)を参照）。

(3) **消防署との調整**

特区民泊施設は5項イの防火対象物として旅館・ホテルと同等の消防基準を満たす必要があるため、特定認定の申請手続上、消防署との事前調整が必須となります。消防に関する具体的な要件は第Ⅴ章3(3)(4)及び第Ⅴ章4(3)～(5)を参照ください。

(4) **近隣住民への事前説明**

特区民泊の営業開始による近隣住民の不安を除去するため、国家戦略特別区域法施行令12条7号及び内閣府と厚生労働省が連名で発出した通知[55]に基づき、特区民泊を実施する各自治体では、条例、規則、要綱等により、特定認定を受けようとする者に対し、施設の近隣住民に対する事前説明の実施を要請しています。

<u>事前説明の方法</u>

大阪市では、説明会の開催又は戸別訪問のいずれかの方法により、①特定認定を受けようとする者の氏名（法人にあっては、その名称及び代表者の氏

---

[55] 平成27年7月31日府地創第270号健発0731第6号「外国人滞在施設経営事業の円滑な実施を図るための留意事項について（通知）」

名)、②施設の名称及び所在地、③事業の概要、④苦情等の窓口の連絡先（責任者の氏名、電話番号等）、⑤廃棄物の処理方法、⑥火災等の緊急事態が生じた場合の対応方法の6つを、近隣住民に対して事前に説明しなければなりません[56]。

説明会を開催する場合、周知対象となる全世帯に対し、説明会開催の案内及び上記の必要事項を記載した書面をポスティングします。説明会に参加しなかった住民に対する再度の説明会開催は不要です。

戸別訪問とする場合、対象となる全世帯を訪問し、対面できた場合は上記の必要事項を記載した書面を用いて説明を行います。対面できなかった場合は、当該書面をポスティングすれば、再度の訪問は不要です。

いずれの方法によった場合も、事後的な住民からの問合せには適切に対応する必要があります。

<u>事前説明の周知対象</u>

厚生労働省関係国家戦略特別区域法施行規則10条の3に規定される、事前説明が必要となる住民は次に掲げる者となります。

---
① 施設を構成する建築物に居住する者
② 施設を構成する建築物の敷地に隣接する土地に存する建築物（外壁間の水平距離が20メートルを超えるものを除く。）に居住する者
③ 施設を構成する建築物の敷地が道路、公園その他の空地（以下「道路等」という。）に接する場合にあっては、当該敷地と道路等の境界線からの水平距離が10メートルの範囲内の土地に存する建築物（外壁間の水平距離が20メートルを超えるものを除く。）に居住する者

これら周知範囲の建物を図解すると図表3—14のようになります。

---

[56] 大阪市では、ポスティングのみの周知方法は大阪市国家戦略特別区域外国人滞在施設経営事業に関する要綱7条で定める「説明会又は戸別訪問」の実施には該当せず、説明会又は戸別訪問のいずれかを必ず実施することとされているが、東京都大田区や大阪府では、ポスティングのみによる周知も認められる。

図表3—14:事前説明が必要となる建物の範囲

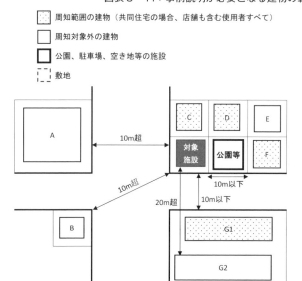

A,B:道路を挟んで隣接する建物の敷地の境界線までの水平距離が10m超の建物⇒周知不要
C,D:対象施設の存する建物の敷地の境界線に接する敷地に存する建物⇒周知必要
E:対象施設の存する建物の敷地の境界線に接しない建物に存する建物⇒周知不要
F:公園を挟んで隣接する建物の敷地の境界線までの水平距離が10m以内の建物⇒周知必要
G1:道路を挟んで隣接する建物の敷地の境界線までの水平距離が10m以内の建物の建物⇒周知必要
G2:一方の建物の外壁から他方の建物の外壁までの水平距離が原則として20mを超える建物⇒周知不要
対象施設:施設を構成する建築物⇒周知必要

出所:日本橋くるみ行政書士事務所作成

(5) 認定申請

近隣住民への説明が完了したら、次の必要書類を保健所に提出して認定申請の手続を行います。

認定申請のための必要書類

> - 国家戦略特別区域外国人滞在施設経営事業特定認定申請書
> - 定款又は寄付行為及び登記事項証明書（申請者が法人の場合）
> - 住民票の写し（申請者が個人の場合）
> - 賃貸借契約及びこれに付随する契約に係る約款※
> - 施設の構造設備を明らかにする図面
> - 施設の周辺地域の住民に対する説明の方法及びその記録（説明に使用した資料を含む）
> - 施設の周辺地域の住民からの苦情及び問合せに適切に対応するための体制及びその周知方法（施設の構造設備及び滞在に必要な役務の提供等の概要を含む）
> - 消防法令適合通知書の写し
> - 水質検査成績書の写し（使用水が水道水以外の場合）
> - 賃貸物件の場合：施設に係る全ての賃貸借契約書の写し並びに所有者及び賃貸人が事業の用に供することを承諾していることを証する書面の写し）
> - 分譲物件の場合：管理規約に違反していないことを証する書面
> - 付近見取図
> - 居室内に備え付ける施設の使用方法に関する案内書※

※日本語及び役務の提供において使用する外国語により作成されたもの

<u>外国語による賃貸借契約書等及びハウスガイドの作成</u>

外国人旅客の滞在に適した施設を提供するという制度趣旨に基づき、特区民泊では、施設で使用する外国語をあらかじめホームページ等で明示し、認定事業者と利用者との間で結ばれる賃貸借契約書・付随約款及びハウスガイド（居室内に備え付ける施設の使用方法に関する案内書）を、日本語及び施設で使用する外国語により作成しなければなりません。

外国語は、最低一つの言語を用いればよく、必ずしも英語である必要はありません。外国語の賃貸借契約書及びハウスガイドの雛型として、国土交通

省が創設した「あんしん賃貸支援事業[57]」の一環で作成された「定期賃貸住宅標準契約書」及び「部屋探しのガイドブック」を用いることができます。これらは日本語、英語、中国語、韓国語、スペイン語、ポルトガル語の6カ国語に対応し、日本独特の契約内容や生活習慣を外国人旅客に説明するのに役立つ内容となっています。

認定申請までのスケジュール

　認定申請を速やかに行うには、消防法令適合通知書の入手タイミングを早めるため、消防関係の手続をスムーズに進めることが重要となります。同通知書の交付には、消防用設備の設置工事を行った上で、所轄消防機関による立入検査を受ける必要があるため、他の書類に比べて入手タイミングが遅くなるためです。

　消防法令適合通知書を入手して、はじめて認定申請書類の正式な提出が可能となります。申請から審査までの標準処理期間を公表している大阪府では、標準処理期間は10日とされています。

申請手数料納付

　大阪市における特定認定の審査に係る事務手数料は、申請1件につき21,200円です[58]。他の自治体の事務手数料も同程度の水準です。

(6) **事業開始**

　認定申請後、特定認定を受けると、各自治体の長（大阪市の場合、大阪市長）から特定認定書が交付され、各自治体のホームページに施設名称及び所在地が公表されます。

　特定認定を受けた事業者は認定事業者となり、法令に基づき次のような義務を課されます。

衛生措置

　認定事業者は、旅館業における衛生等管理要領を参考に、衛生に必要な措置として、施設全般の清掃、ねずみ衛生害虫の防除、浴室・洗面所・便所・給水給湯設備・照明設備・換気設備・寝具等の各設備の保守点検等を行わなければなりません。

　また、認定事業者は、善良な風俗が害されるような、人の性的好奇心をそ

---

[57] 外国人世帯等が、安心して民間賃貸住宅に入居できるよう、外国人世帯等の入居を受け入れることとする賃貸住宅の情報等を提供する仕組みを構築し、民間賃貸住宅市場の環境整備を図ることを目的として国土交通省が創設した事業。同事業は平成22年に終了したが、その後も http://www.mlit.go.jp/jutakukentiku/house/jutakukentiku_house_tk3_000017.html にて外国人の円滑な入居のために役立つ参考資料として外国語による賃貸借契約書等を公開している。

[58] 大阪市国家戦略特別区域外国人滞在施設経営事業に関する条例5条。

そるおそれのある性具及び彫刻等の物件や、色彩がけばけばしく、著しく奇異なネオン等の広告物を施設に掲示又は備付けてはなりません。

<u>滞在者名簿の備付・記入と本人確認</u>

　テロ防止や違法薬物の使用等の施設における違法な行為の防止の観点から、認定事業者は、滞在者名簿を備え、滞在者の氏名、住所及び職業並びにその国籍及び旅券（パスポート）番号を記載するとともに、その記載の正確性を担保するため、滞在者に旅券の呈示を求め、旅券のコピーを滞在者名簿とともに保存しなければなりません。滞在者名簿の保管場所は①施設、②認定事業者の事務所、③認定事業者から滞在者名簿の備付けに係る事務を受託した者の事務所のいずれかとし、3年間の保存が義務付けられます（厚生労働省関係国家戦略特別区域法施行規則10条の2）。

　認定事業者は、滞在者が施設の使用を開始及び終了する時に、原則として対面により滞在者名簿に記載されている滞在者と実際に使用する者が同一の者であることを確認しなければなりません。ただし、対面に代えて、滞在者が実際に施設に所在することが映像等により確実に確認できる方法（例：スマートフォンやタブレットを使ったビデオ通話）により本人確認を行うことも認められます[59]。

<u>近隣住民からの苦情対応</u>

　認定事業者は、近隣住民からの苦情窓口を設置し、近隣住民に周知するとともに、近隣住民からの苦情等に対しては適切に対応しなければなりません。大阪市では、要綱の定めにより、苦情窓口は24時間体制とすることが要請されます[60]。

<u>廃棄物の処理方法</u>

　施設の滞在者が出すごみは、認定事業者が排出責任を有する「事業系ごみ」となり、認定事業者において、廃棄物処理業許可業者に収集を依頼する必要があります。近隣住民からごみの排出方法等の苦情があった場合は、認定事業者は苦情に対して適切かつ速やかに対応し、近隣住民の理解を得るように努める必要があります。

---

[59] 平成27年7月31日府地創第270号健発0731第6号「外国人滞在施設経営事業の円滑な実施を図るための留意事項について（通知）」
[60] 大阪市国家戦略特別区域外国人滞在施設経営事業に関する要綱8条

6．行政による監督権限

　都道府県知事等は、特区民泊の施行に必要な限度において、認定事業者に対する報告徴収権限を有します（国家戦略特別区域法13条8項）。また、都道府県知事等は、認定事業者が法令違反を犯した場合や不正の手段により特定認定を受けた場合等、一定の場合には、当該事業者の特定認定を取り消すことができます（国家戦略特別区域法13条9項）。

　特定認定の取消事由への該当性判断を目的とするものであれば、各自治体の条例により、認定事業者の事務所又は特区民泊を営む施設への行政の立入検査権限を規定することができます[61]。

　特区民泊は、認定ハードルの厳しさと営業制限のバランスの観点からは、民泊の事業化に最も適した制度です。しかし、その実施地域以外の地域では、旅館業法又は住宅宿泊事業に基づく民泊の合法化が必要となります。

　続く第Ⅳ章では、特区民泊を踏まえ、全国的に適法な民泊を推進するための制度として設計された、住宅宿泊事業法を解説します。

---

[61] 例えば大阪市では、大阪市国家戦略特別区域外国人滞在施設経営事業に関する条例3条において行政の立入検査権限を規定している。

コラム 自治体別・民泊許可要件等の研究③

「大阪市」
……最低滞在期間短縮で特区民泊施設が急増

　大阪市は、いま日本で最も宿泊ニーズが高いエリアです。観光庁の発表によると、2017年1月～12月の大阪府の宿泊施設全体の客室稼働率は、83.1％であり、全国2位の東京の客室稼働率80.1％を上回る全国で最も高い値となっています。

　この大阪人気を支えるのは、訪日外国人観光客全体の実に2/3以上を占めるアジア圏（中国・台湾・韓国・香港）からの観光客です。2017年1月には、関西国際空港に、新たにLCC（ロー・コスト・キャリア）、いわゆる格安航空会社専用の国際線ターミナルがオープンし、LCCを利用して低予算で賢く旅する「関西バジェットトラベラー」と呼ばれるアジア人観光客の更なる増加が期待されます。

　観光ニーズの増加により、大阪では、ホテルやカプセルホテルの建設ラッシュが続く一方、旅館業の営業許可を得ない違法民泊の増加が指摘されています。この状況を受け、大阪府では、2016年4月より、大阪市では同年10月より国家戦略特別区域外国人滞在施設経営事業（以下、特区民泊）条例を導入し、民泊合法化を積極的に推進しています。

　特区民泊の主な利点は、旅館業法に基づく許可に比べ、既存の住宅やマンションからの転用が容易なことと、共同住宅としての容積率の緩和措置が受けられること（本書第Ⅴ章4(2)①を参照）です。これらハード面（物理的）の規制が緩和された半面、認定事業者には、近隣住民への周知や、適切な運営体制の確保等、ソフト面（管理・運営）での適切な対応が義務付けられています。

　特区民泊は、制定当初は6泊7日の最低滞在期間が求められていましたが、2016年10月の国家戦略特別区域法改正を受け、大阪市及び大阪府では条例改正が行われ、2017年1月からは2泊3日からの滞在が可能となりました。宿泊日数にかかわらず一定の清掃料を利用者が負担することが一般的な民泊では、1泊2日の滞在ニーズは限定的であるため、2泊3日の最低滞在日数はほとんど事業の制約にはなりません。最低滞在日数を短縮する条例改正以降、特区民泊の認定施設が急増しています。

　最近では、特区民泊に対応した新築マンションの建設事例も増えてきました。民泊合法化を目的に導入された特区民泊制度ですが、実際には一棟マンションを「容積率緩和ホテル」に転用する手段に用いるのが最も効果的です。大阪にマンションをお持ちの方は、特区民泊を活用したホテル運営を検討されてはいかがでしょうか。

第Ⅳ章　住宅宿泊事業法

　インバウンド宿泊需要拡大に伴う宿泊施設不足の解消手段及び空き家等の社会資源の活用手段として注目されつつも、旅館業法の許可を得ない違法営業が社会問題化した「民泊」。本章では、新しい民泊の制度枠組みを作ることを目的として、2017年6月に成立・公布された住宅宿泊事業法を解説します。なお、本章では特に断りがない限り、住宅宿泊事業法、住宅宿泊事業法施行令、住宅宿泊事業法施行規則、国土交通省関係住宅宿泊事業法施行規則、住宅宿泊事業法施行要領（ガイドライン）はそれぞれ「法」、「施行令」、「施行規則」、「国規則」、「ガイドライン」と表記します。

1．住宅宿泊事業法の目的と概要

　住宅宿泊事業法は、我が国における民泊の合法かつ適正な運営を確保することで、国内外からの観光旅客の宿泊ニーズに的確に対応して観光立国の実現を推進し、もって国民生活の安定向上及び国民経済の発展に寄与することを目的とします（法1条）。

　我が国における民泊合法化を促進するため、住宅宿泊事業法は、①年間提供日数180日以下の民泊を住宅宿泊事業と定義し、同事業を旅館業法の対象外とするとともに、②残りの年の過半において施設が居住の用に供されることを確保して、その用途を住宅と位置付けることで、同事業を建築基準法や都市計画法といった関連規制の対象外とする規制緩和を図っています。

　また、我が国における民泊の適正な運営を確保するため、住宅宿泊事業を営む者には「届出制度」を、同事業の管理業を営む者及び仲介業を営む者には「登録制度」を導入し、これら事業者に対する業務、監督及び罰則規定を設けることで、民泊業者の適正な運営の確保を図っています（図表4―1）。

図表4-1：民泊を巡る課題と住宅宿泊事業法の目的

民泊を巡る課題

| 訪日外客増加による宿泊施設不足 | 人口減少による空き家の増加 | 法整備の遅れによる違法民泊の増加 |

住宅宿泊事業法の内容

| 【民泊営業の規制緩和】180日以下の民泊を住宅宿泊事業と定義し、旅館業法や建築基準法等の厳しい規制の対象外とすることで民泊合法化の推進を図る | 【民泊業者の規制強化】住宅宿泊事業に「届出制度」住宅宿泊管理業及び住宅宿泊仲介業に「登録制度」を導入して民泊の適正な運営を確保する |

住宅宿泊事業法の目的

我が国における民泊の合法かつ適正な運営を確保することで、観光立国の実現を推進し、もって国民生活の安定向上及び国民経済の発展に寄与する

2．住宅宿泊事業とは

　住宅宿泊事業法において「住宅宿泊事業」とは、旅館業法に規定される営業者以外の者が宿泊料を受けて住宅に人を宿泊させる事業であって、人を宿泊させる日数として国土交通省令・厚生労働省令で定めるところにより算定した日数が1年間で180日を超えないものをいいます（法2条3項）。以下、下線部分の用語の定義を解説します。

(1) 住宅の定義

　住宅宿泊事業法における住宅とは、次のいずれにも該当する家屋と定義されます（法2条1項）。

① 生活の本拠として使用するために必要な設備として、台所、浴室、便所及び洗面設備を有すること（施行規則1条）。

② 人の居住の用に供されていると認められるものとして、次のいずれかに該当するものであって、事業（人を宿泊させるもの又は人を入居させるものを除く）の用に供されていないもの（施行規則2条）。

一．現に人の生活の本拠として使用されている家屋
二．入居者の募集が行われている家屋
三．随時その所有者、賃借人又は転借人の居住の用に供されている家屋

　①については、特区民泊と同様にいわゆる「4点セット」の設置を要求するものです。
　②について、各項目の具体例を挙げると「現に人の生活の本拠として使用されている家屋」には、住宅宿泊事業を営もうとする者の自宅が、「入居者の募集が行われている家屋」には、住宅宿泊事業を営もうとする者が不動産賃貸業に供している家屋がそれぞれ該当します。また、「随時その所有者、賃借人又は転借人の居住の用に供されている家屋」には、住宅宿泊事業を営もうとする者が随時使用する別荘が該当します。
　住宅は、前述①②の要件を両方満たす必要があり、いずれかが欠ける家屋（例：浴室を有しないアパートの1室、飲食事業の用に供されている店舗等）は、住宅宿泊事業法における住宅には該当せず、当該家屋で住宅宿泊事業を営むことはできません。法2条1項の住宅の定義を満たし、法3条1項に基づく届出を行った住宅を「届出住宅」といいます（法2条5項）。

実務論点①

住宅宿泊事業と施設の時間貸し（スペースシェア）は兼業可能か？

　住宅宿泊事業法では、同法における住宅に限って住宅宿泊事業を営むことができます。そして、同法の住宅の要件には、事業（人を宿泊させるもの又は人を入居させるものを除く）の用に供されていないことが挙げられています。このため、施設を時間貸しするスペースシェアが「人を宿泊させる」又は「人を入居させる」事業該当しない場合には、当該施設は住宅宿泊事業法における住宅には該当せず、住宅宿泊事業を営むことはできません。
　ここで「宿泊」とは、後述のとおり寝具を使用して施設を利用することをいいます。また、「入居」の定義は明示されていませんが、住宅宿泊事業法2条1項2号及び同法施行令2条2号において「入居者の募集が行われている家屋」が「人の居住の用に供されていると認められるもの」に該当すると定められている点に鑑みると、「入居」とは居住を目的として施設を利用することと解するべきでしょう。
　施設を会議室やパーティー利用等のため時間貸しする事業は、通常寝具

を使用した施設の利用には該当せず、また、人の居住を目的とした施設の利用にも該当しないため、かかる時間貸しを提供する施設は住宅宿泊事業法における住宅に該当せず、当該施設での住宅宿泊事業の営業は認められず、結果として、住宅宿泊事業と時間貸しの兼業はできないと解されます[62]。

　住宅宿泊事業法では、届出住宅における宿泊サービスの提供日数を年間180日に制限することで、残りの185日、つまり1年の過半が施行規則2条に掲げる「居住」の用に供されることを確保し、もって届出住宅の建築基準法上の主たる用途を「住宅」と位置付ける理論的整理が図られていると考えられます。もし、届出住宅の残りの185日が居住以外の用途に供されることを認めてしまうと、もはや、届出住宅の建築基準法上の用途を「住宅」扱いとする正当な根拠がなくなってしまうことでしょう。

(2) **宿泊及び宿泊料の定義**

　住宅宿泊事業法において宿泊とは、寝具を使用して施設を利用することをいい（法2条2項）、宿泊料とは、旅館業法に規定される宿泊料を指し、名目だけではなく、実質的に寝具や部屋の使用料とみなされる、休憩料、寝具賃貸料、寝具等のクリーニング代、光熱水道費、室内清掃費等が含まれます（第Ⅱ章4(1)を参照）。

(3) **旅館業法に規定される営業者の定義**

　旅館業法では、宿泊料を受けて人を宿泊させる事業は旅館業と定義され、旅館業を営むためには、旅館業法に基づく許可を受けることが必要です。許可を受けて旅館業を営む者は営業者と定義されます（旅館業法3条の2第1項）。

　住宅宿泊事業法は、営業者以外の者が宿泊料を受けて、住宅に人を宿泊させる事業（すなわち、民泊）を年間提供日数180日を超えない範囲において、住宅宿泊事業と位置付け、厳しい構造設備基準を設ける旅館業法の規制対象外とすることで、民泊合法化のハードルを引き下げています。

(4) **人を宿泊させる日数の定義**

---

[62] 国土交通省・厚生労働省の考え方として、"住宅宿泊事業においては、「人を宿泊させる事業」を行っていても一定の制約の範囲内であれば、当該家屋を建築基準法上の「住宅」として扱うこと等を定めており、住宅宿泊事業として人を宿泊させている期間以外の期間において、他の様々な事業に供されている家屋も同様に「住宅」として扱おうとするものではない"旨が示されている（住宅宿泊事業法施行令及び住宅宿泊事業法施行規則等の案に関する意見募集の結果について別紙【法第2条関係】住宅の定義を参照）。

人を宿泊させる日数として国土交通省令・厚生労働省令で定めるところにより算定した日数とは、毎年4月1日正午から翌年4月1日正午までの期間において人を宿泊させた日数をいい、この場合において、正午から翌日の正午までの期間を1日とします（施行規則3条）。

正午を起点とする日数のカウント方法は、通常の宿泊施設では午後にチェックインし、翌日の午前にチェックアウトするのが一般的であることを踏まえ、通常の宿泊サービスを1回提供する機会を1日と捉えたものです。

実務論点②

マンスリーマンションとして提供した日数は、180日にカウントするか？

住宅宿泊事業法は、一定の要件を満たすことで旅館業法の許可を受けることなく住宅宿泊事業を営むことができることを定めており、そもそも旅館業に該当しない行為を規制するものではありません（第Ⅱ章4(4)を参照）。

そのため、旅館業に該当しない不動産賃貸業（例：1ヶ月以上の期間において貸し出され、施設の衛生上の管理責任が入居者にあるマンスリーマンション事業）に供された日数は、「人を宿泊させる日数」にはカウントしません。

他方、例えば、届出住宅を仮眠のために数時間貸し出した場合は、当該行為は宿泊（宿泊寝具を使用して施設を利用すること）に該当するため、「人を宿泊させる日数」にカウントします。

3．住宅宿泊事業の法的位置付け

第Ⅲ章で解説した国家戦略特別区域法と同様、住宅宿泊事業法は、旅館業法の特別法と位置付けられ、都道府県知事又は住宅宿泊事業の事務処理をすることを選択した保健所設置市又は特別区（以下、保健所設置市等）においては、その長（以下、都道府県知事等）に住宅宿泊事業を営む旨の届出をした者は、旅館業法3条1項の規定にかかわらず、住宅宿泊事業を営むことができます（法3条1項）。以下、住宅宿泊事業と関係諸法令との関係を解説します。

(1) 旅館業法及び旅行業法との関係

住宅宿泊事業者は、旅館業法に規定される営業者には該当しないため、当該営業者に適用される旅館業法の規制は適用されません。ただし、住宅宿泊

事業者が住宅宿泊事業に該当しない旅館業に該当する行為（例：年間提供日数上限を超えた宿泊サービスの提供、住宅宿泊事業法の規定される住宅以外の施設における宿泊サービスの提供等）を旅館業法の許可を受けずに営んだ場合には、当該住宅宿泊事業者は旅館業法の許可を受けずに旅館業を営んだ者として、旅館業法10条1号に基づく罰則の対象となります。

また、法3条1項の規定は、住宅宿泊事業者は旅館業法の許可を受けることなく住宅宿泊事業、すなわち年間180日を限度に住宅において有償の宿泊サービスを提供する営業を営むことを認めるものに過ぎず、住宅宿泊事業者が提供する宿泊サービスが依然として旅館業法に基づく旅館業に該当するサービスであることに変わりありません（第Ⅱ章5を参照）。

法2条8項に定義される「住宅宿泊仲介業務」、すなわち、宿泊者又は住宅宿泊事業者のため、届出住宅における宿泊サービスの提供について、代理して契約を締結し、又は媒介をする行為は、旅館業法に基づく旅館業に該当するサービスを手配する行為として旅行業法に基づく旅行業に該当します。そのため、報酬を得て、住宅宿泊仲介業務を業として営むには、本来的には旅行業法3条に基づく観光庁長官の登録が必要ですが、住宅宿泊事業法46条1項に基づき観光庁長官の登録を受けて「住宅宿泊仲介業者」となった者は、旅行業法3条の規定にかかわらず、住宅宿泊仲介業務を業として営むことができます（住宅宿泊事業法46条1項）。

(2) 契約形態（私法上の位置付け）―特区民泊との比較

国家戦略特別区域法13条の定めにより認定事業者と利用者との契約形態を賃貸借契約としなければならない特区民泊と異なり、住宅宿泊事業法は住宅宿泊事業者と宿泊者の間で結ばれる私法上の契約形態を規定していません。そのため、住宅宿泊事業者は、宿泊者との間で結ばれる契約形態を自由に決定することができます。実務上は、住宅宿泊事業者と宿泊者の間の契約には、契約内容が複雑になりがちな賃貸借契約ではなく、ホテル等の宿泊施設が一般的に利用している宿泊サービス契約が多く用いられることが予想されます。

実務論点③

届出住宅に同時に複数のグループを宿泊させることはできるか？

特区民泊の認定事業者は、認定施設の独占的・排他的な利用を認める賃貸借契約を利用者との間で締結しなければならないため、認定施設に同時に複数のグループを宿泊させることはできません（第Ⅲ章3(1)を参照）。

対照的に、住宅宿泊事業法には、当事者間の契約形態の規定は存在しないため、例えば、届出住宅の居室やベッド等の一部スペースを対象とする賃貸借契約を当事者間と締結したり、届出住宅における宿泊サービス契約を当事者間で締結したりすることで、複数グループへの部屋貸しや簡易宿所と同様の"追い込み式"の住宅宿泊事業を行うことも可能です。

届出住宅に複数のグループを宿泊させる場合でも、残りの185日を通常の居住の用に供する場合には、建物の主たる用途は「住宅」であり、建築基準法上の用途を「寄宿舎」として法令適合させる必要はありません。ただし、この場合には、建築基準法上の「寄宿舎」の扱いに準じて、宿泊者使用部分の各居室に、連動型住宅用防災警報器等を設置すること等が要求されます（本章6(1)②を参照）。

他方、届出住宅に複数のグループを宿泊させる場合で、残りの185日をシェアハウスとして複数者に施設を貸し出す場合には、届出住宅を建築基準法上の「寄宿舎」として法令適合させる必要が生じます。

(3) 区分所有法との関係（マンション標準管理規約の改正）

2017年6月16日の住宅宿泊事業法の公布を受け、2017年8月29日にマンション標準管理規約が改正され、住宅宿泊事業を可能とする場合と、同事業を禁止する場合の規約文言が追加されました（図表4－2）。

図表4－2：改正マンション標準管理規約（単棟型）第12条の抜粋

〔※住宅宿泊事業に使用することを可能とする場合、禁止する場合に応じて、次のように規定〕

(ｱ) 住宅宿泊事業を可能とする場合
（専有部分の用途）
第12条　区分所有者は、その専有部分を専ら住宅として使用するものとし、他の用途に供してはならない。
2　区分所有者は、その専有部分を住宅宿泊事業法第3条第1項の届出を行って営む同法第2条第3項の住宅宿泊事業に使用することができる。

(ｲ) 住宅宿泊事業を禁止する場合
（専有部分の用途）
第12条　区分所有者は、その専有部分を専ら住宅として使用するものとし、他の用途に供してはならない。
2　区分所有者は、その専有部分を住宅宿泊事業法第3条第1項の届出を行って営む同法第2条第3項の住宅宿泊事業に使用してはならない。

(注) 網掛け部分が改正による修正箇所
出所：マンション標準管理規約及び同コメント（単棟型）（最終改正　平成29年8月29日国土動指第27号、国住マ第33号）

①マンションで住宅宿泊事業を可能とする場合の検討事項

改正マンション標準管理規約のコメント(解説)には、規約12条において住宅宿泊事業を可能とする場合は、同18条及び19条の文言の修正を必要に応じ検討すべき旨が示されています(図表4-3)。

図表4-3:住宅宿泊事業を可能とする場合の検討事項(規約18条及び19条関連)

規　約	コメント
(使用細則) 第18条　対象物件の使用については、別に使用細則を定めるものとする。	④第12条において住宅宿泊事業を可能とする場合は、必要に応じ、住宅宿泊事業法第13条に基づき掲げなければならないこととされている標識(*1)の掲示場所等の取扱いについて、あらかじめ使用細則において明確化しておくことが望ましい。
(専有部分の貸与) 第19条　区分所有者は、その専有部分を第三者に貸与する場合には、この規約及び使用細則に定める事項をその第三者に遵守させなければならない。 2　前項の場合において、区分所有者は、その貸与に係る契約にこの規約及び使用細則に定める事項を遵守する旨の条項を定めるとともに、契約の相手方にこの規約及び使用細則に定める事項を遵守する旨の誓約書を管理組合に提出させなければならない。	④　第12条において住宅宿泊事業を可能とする場合は、管理組合が事業開始を把握することがトラブル防止に資すると考えられるため、例えば、「区分所有者は、その専有部分において住宅宿泊事業法第2条第3項の住宅宿泊事業を実施することを内容とする、同法第3条第1項の届出を行った場合は、遅滞なく、その旨を管理組合に届け出なければならない。」等と規約に定めることも有効である。また、宿泊者等からの誓約書については提出義務を免除する旨を定めることも考えられる。

(*1) 標識の設置義務については、本章6(1)③参照。
出所:マンション標準管理規約及び同コメント(単棟型)(最終改正　平成29年8月29日国土動指第27号、国住マ第33号)

②　マンションの実情に応じたその他の規約文言例

マンションの実情に応じて、一定の態様の住宅宿泊事業のみを可能とすることや、住宅宿泊事業の可否を使用細則に委ねること等も考えられることから、改正マンション標準管理規約のコメントには、さらに4つの規約文言例が示されています(図表4-4)。

③マンション標準管理規約と旅館業の許可を得た民泊、違法民泊等との関係

この他、改正マンション標準管理規約のコメントには、旅館業の許可を得て行う合法的な民泊と、旅館業法に違反して行われる違法民泊については、それぞれ次の理由により、マンションでの営業が禁止される旨が示されています。

図表４―４：マンション標準管理規約のコメントに示された規約文言例

パターン	マンション標準管理規約12条２項、３項の文言例
①住宅宿泊事業を家主居住型^(＊１)に限って可能とする場合	２　区分所有者は、その専有部分を住宅宿泊事業法第３条第１項の届出を行って営む同法第２条第３項の住宅宿泊事業（同法第11条第１項２号に該当しないもので、住宅宿泊事業者が自己の生活の本拠として使用する専有部分と同法第２条第５項の届出住宅が同一の場合又は同じ建物内にある場合に限る。）に使用することができる。
②住宅宿泊事業を家主同居型^(＊２)に限って可能とする場合	２　区分所有者は、その専有部分を住宅宿泊事業法第３条第１項の届出を行って営む同法第２条第３項の住宅宿泊事業（同法第11条第１項２号に該当しないもので、住宅宿泊事業者が自己の生活の本拠として使用する専有部分と同法第２条第５項の届出住宅が同一の場合に限る。）に使用することができる。
③住宅宿泊事業の可否を使用細則に委任する場合	２　区分所有者が、その専有部分を住宅宿泊事業法第３条第１項の届出を行って営む同法第２条第３項の住宅宿泊事業に使用することを可能とするか否かについては、使用細則に定めることができるものとする。
④住宅宿泊事業を禁止し、さらにその前段階の広告掲載等をも禁止する場合	２　区分所有者は、その専有部分を住宅宿泊事業法第３条第１項の届出を行って営む同法第２条第３項の住宅宿泊事業に使用してはならない。 ３　区分所有者は、前２項に違反する用途で使用することを内容とする広告の掲載その他の募集又は勧誘を行ってはならない。

（＊１）住宅宿泊事業者が同じマンション内に居住している住民である場合が該当する
（＊２）家主居住型の住宅宿泊事業のうち、住宅宿泊事業者の自宅であるマンションの一部を住宅宿泊事業の用に供する場合が該当する

出所：日本橋くるみ行政書士事務所作成

旅館業法の許可を得て行われる合法的な民泊……管理規約12条１項に基づき原則禁止

　旅館業法３条１項の営業許可を得て行う「民泊」については、旅館業営業として行われるものであり、通常は標準管理規約12条１項の用途に含まれていないと考えられるため、原則として禁止されます。改正マンション標準管理規約のコメントには、当該営業を可能としたい場合には、その旨を明記することが望ましい旨が示されています。

旅館業法に違反して行われる違法民泊……法令違反として当然に禁止

　旅館業法や住宅宿泊事業法に違反して行われるいわゆる違法民泊については、管理規約に明記するまでもなく、当然に禁止されます。当然に禁止であるため、改正マンション標準管理規約のコメントには、違法民泊を禁止する

規約文言は例示されていません。

　なお、特区民泊に対応する管理規約の修正文言案は、国土交通省が2016年11月11日に発出した通知「特区民泊の円滑な普及に向けたマンション管理組合等への情報提供について」に示されています（第Ⅲ章4(3)を参照）。

　また、合法・違法を問わず、旅館業に該当する行為全般を禁止したい場合には「区分所有者は、その専有部分を、宿泊料を受けて人を宿泊させる事業を行う用途に供してはならない。」といった規定を置くこともあり得ます。

─実務論点④─
住宅宿泊事業がマンション全体に与える消防法令の影響をどう防ぐか？
　マンションの一部住戸において住宅宿泊事業の届出がなされると、当該住戸は、原則として、5項イの防火対象物に該当するとともに、建物全体が16項イの複合用途防火対象物となる結果、マンションの共用部や届出住宅以外の住戸に誘導灯やスプリンクラー設備の設置等が必要となり、住宅宿泊事業者以外の区分所有者にも負担が生じるおそれがあります。（第Ⅴ章4(4)を参照）

　このような消防法令の影響を防ぐためには、管理規約において旅館業に該当する行為全般を禁止する規定を定めることが一案です。

　また、住宅宿泊事業が家主不在とならないもの（すなわち、家主同居型）に該当する場合で、宿泊室の床面積の合計が50㎡以下の場合には、当該届出住宅の用途は住宅扱いのままとなり、マンション全体の消防法令上の用途も共同住宅のままとなる緩和措置が設けられています（本章3(5)を参照）。

　マンションにおいて、一定の住宅宿泊事業は認めたいものの、住宅宿泊事業がマンション全体に与える消防法令の影響を防ぎたいと考える管理組合では、当該緩和措置を活用し、管理規約に次のような規定を定めることも考えられます。

　「2　区分所有者は、その専有部分を住宅宿泊事業法第3条第1項の届出を行って営む同法第2条第3項の住宅宿泊事業（同法第11条第1項2号に該当しないもので、住宅宿泊事業者が自己の生活の本拠として使用する専有部分と同法第2条第5項の届出住宅が同一の場合であり、住宅宿泊事業者が不在とならない旨（住宅宿泊事業法施行規則第4項第3項第10号に規定する旨をいう。）の届出が行われ、かつ住宅宿泊事業法施行規則第4条第4項第1号チ(4)に規定する宿泊室の床面積の合計が50平方メートル以

下になるときに限る。）に使用することができる。」

　管理規約において安易に住宅宿泊事業を認めた結果、マンション全体での消防用設備の追加設置が必要になった、といった事態が起きないよう、細心の注意を払って管理規約の改正に臨みましょう。

④　管理規約上に民泊を禁止するか否かが明確に規定されていない場合の取扱い

　管理規約の改正までには、一定の期間を要することから、管理規約上に民泊を禁止するか否かが明確に規定されていない状態で、区分所有者が住宅宿泊事業の届出を行おうとするケースが想定されます。

　このようなケースでは、当該区分所有者は、管理組合に届出住宅において住宅宿泊事業を営むことを禁止する意思がない旨を届出書に記載することとされています（施行規則4条3項13号括弧書）。

　換言すると、管理規約上に民泊を禁止する文言がない場合には、管理組合の総会・理事会決議を含め、管理組合として民泊を禁止する方針が決定されていない限り、区分所有者は当該区分所有建物において住宅宿泊事業を営むことができます。

　住宅宿泊事業を含む民泊を禁止したいマンションでは、早急に管理規約の改正に取り組むとともに、改正に時間がかかると予想される場合には、管理組合の総会又は理事会において、管理組合として民泊を禁止する方針を早期に決議することが重要です。

(4)　建築基準法及び都市計画法との関係

　住宅宿泊事業法における住宅の要件を満たし、都道府県知事等に届出された住宅は「届出住宅」となり、住宅宿泊事業の用に供することができます。

　届出住宅は、建築基準法との関係では、同法及びこれに基づく命令の規定における「住宅」、「長屋」、「共同住宅」又は「寄宿舎」に含まれるとされています（法21条）。このため、例えば、戸建住宅（建築基準法上の住宅）やアパートの1室（建築基準法上の共同住宅）を、住宅宿泊事業を営むため届出住宅としても、建築基準法上の用途は変わりません。

　届出住宅を建築基準法上の住宅等に包含するこの取扱いは、用途地域、用途変更といった旅館業法に基づく民泊合法化に必要な規制・手続を不要とする効果を持ちます。

　すなわち、戸建住宅やアパートの1室で旅館業法の許可を受けて民泊を営

もうとすると、建築基準法上の用途を「旅館・ホテル」に変更しなければならず、この場合、都市計画法の用途地域規制により「旅館・ホテル」の建築が認められない住居専用地域ではそもそも用途変更が認められず、また、「旅館・ホテル」の建築が認められる地域でも、厳しい建築基準をクリアした上で、原則として、用途変更の確認申請手続を行う必要があります。この用途地域規制と「旅館・ホテル」への用途変更手続は、現行制度下における民泊合法化の大きなハードルとなっていました。

この点、住宅宿泊事業の用に供される届出住宅は、建築基準法、都市計画法上も住宅扱いのままであるため、①住居専用地域での営業が認められる点、②用途変更が不要となり確認申請手続き要するコストがかからない点で、旅館業法の許可を得る場合に比べて、民泊合法化のハードルが大きく緩和されています。

実務論点⑤

オフィスビルでも住宅宿泊事業を営めるか?

オフィスビルであっても、住宅宿泊事業法2条1項に掲げる要件を満たせば、同法における住宅として住宅宿泊事業を営むことができます。

ただし、住宅宿泊事業法21条により、届出住宅の建築基準法上の用途は住宅、長屋、共同住宅又は寄宿舎のいずれかに分類されるため、その利用形態によっては特殊建築物である共同住宅又は寄宿舎としての法適合が必要となり得る点に留意が必要です。

すなわち、用途が住宅以外の建築物（例：オフィスビル）において2戸以上が届出住宅となった場合は、一棟の中に2つ以上の住宅が生じるため、当該ビルの一部用途は特殊建築物である「共同住宅」扱いとなります（第Ⅲ章3(3)を参照）。

また、オフィスビルの1戸又は複数戸において、施設を多数人で共用する"追い込み式"の住宅宿泊事業を営み、かつ住宅宿泊事業を営まない期間は当該施設をシェアハウスとして運営する場合には、当該施設は年間を通じて、1室に1人あるいは複数人が同居し便所・台所・浴室などが1ヵ所又は数ヵ所に集中して設けられる居住施設に該当することから、その建築基準法上の用途は「寄宿舎」扱いとなり、当該用途への法適合が要求されます。

そして、いずれの場合も共同住宅又は寄宿舎に供する部分の床面積が100㎡を超える場合には、用途変更の確認申請が必要となります。

以上を基に旅館業の許可施設と住宅宿泊事業の届出住宅を比較した表は、図表４－５のとおりです。

図表４－５：旅館業の許可施設と住宅宿泊事業の届出住宅の比較表

比較項目	旅館業の許可施設	住宅宿泊事業の届出住宅
年間提供可能日数	365日	180日
建築基準法上の取扱い	ホテル・旅館	住宅、長屋、共同住宅又は寄宿舎
住宅からの用途変更	あり	なし
住居専用地域での営業	不可	可

出所：日本橋くるみ行政書士事務所作成

(5) 消防法との関係（家主同居型の届出住宅における緩和措置）

　消防庁が2017年10月に発出した通知[63]において、住宅宿泊事業の用に供する届出住宅は、消防法施行令・別表第一５項イに掲げる「旅館、ホテル、宿泊所その他これらに類するもの」に該当し、消防法令上は、原則として、旅館・ホテルや特区民泊と同じ取扱いを受けることが明確化されました。

　ただし、同通知においては、住宅宿泊事業者が不在とならない旨の届出が行われた届出住宅（すなわち、本章6(1)で後述する「家主同居型」の届出住宅）のうち、宿泊室（届出住宅の居室のうち宿泊者の就寝の用に供するもの）の床面積の合計が50㎡以下となるものについては、消防法上の用途を住宅扱いとする緩和措置が設けられました。この結果、届出住宅が一部に存する建築物の消防法令上の用途は、図表４－６のように整理されます。

　家主同居型の届出住宅においては、一般住宅部分と住宅宿泊事業の用に供される部分の面積の比率が問われない点及び50㎡の判定に用いられる床面積の対象が宿泊室に限定されている点[64]で、一般住宅の一部で簡易宿所営業の許可を受ける場合（後述のⅤ章3(4)を参照）に比べて規制が緩和されています。

　また、家主同居型の届出住宅が一部に存する共同住宅等については、個々の届出住宅ごとに用途を判定した上で、建物全体の用途を判定します。例えば、建物全体が５項ロの共同住宅の複数戸において住宅宿泊事業の届出がな

---

[63] 平成29年10月27日消防予第330号「住宅宿泊事業法に基づく届出住宅等に係る消防法令上の取扱いについて（通知）」
[64] ５項イの用途が含まれる一般住宅では、５項イの用途に供される部分の床面積（客室の床面積に、宿泊客が使用する専用の居室の床面積や、一般住宅と共用の廊下等部分の床面積を按分したものを加えたもの）が50㎡の判定に用いられる。

図表4－6：届出住宅が一部に存する建築物の消防法令上の用途

建物の用途	届出住宅の状況	家主同居型かつ宿泊室の床面積合計が50㎡以下	届出住宅が左記以外の場合
一般住宅（住宅、長屋）	届出住宅部分	一般住宅	一般住宅（*1）又は5項イ（*2）（*3）
	建物全体	一般住宅	一般住宅（*1）、16項イ（*2）又は5項イ（*3）
5項ロ（共同住宅、寄宿舎）	個々の届出住宅	5項ロ	5項イ
	建物全体	5項ロ	16項イ

（*1）一般住宅部分の床面積が、住宅宿泊事業の用に供する部分の床面積よりも大きく、かつ住宅宿泊事業の用に供する部分の床面積が50㎡以下である場合
（*2）一般住宅部分の床面積が、住宅宿泊事業の用に供する部分の床面積よりも大きく、かつ住宅宿泊事業の用に供する部分の床面積が50㎡超の場合又は一般住宅部分の床面積が住宅宿泊事業の用に要する部分の床面積と概ね等しい場合
（*3）一般住宅部分の床面積が住宅宿泊事業の用に供する部分の面積よりも小さい場合

出所：日本橋くるみ行政書士事務所作成

された場合であっても、それぞれが家主同居型かつ宿泊室の床面積合計50㎡以下の届出住宅となる場合には、各届出住宅の用途は、5項ロのままであり、建物全体の用途も5項ロのままとなります（図表4－7）。

図表4－7：届出住宅が一部に存する共同住宅の用途判定の例示

（例1）

届出住宅①	共同住宅
共同住宅	届出住宅②
共同住宅	共同住宅

届出住宅①②ともに家主同居型かつ宿泊室の床面積50㎡以下

（例1）の場合
届出住宅①②の用途は5項ロのまま
⇒5項ロ以外の用途を含まないため、建物全体の用途も5項ロのままとなる

（例2）

届出住宅①	共同住宅
共同住宅	届出住宅②
共同住宅	届出住宅③

届出住宅③は家主同居型以外の住宅宿泊事業に該当

（例2）の場合
届出住宅③の用途は5項イ
⇒5項イの用途を一部に含むため、建物全体の用途は16項イの複合用途防火対象物となる

出所：日本橋くるみ行政書士事務所作成

4．自治体の条例による住宅宿泊事業の実施の制限

　住宅宿泊事業は、住居専用地域でも営業可能なため、閑静な住宅街等でも民泊に起因する騒音被害等が発生するおそれがあります。

　そこで住宅宿泊事業法では、住宅宿泊事業に起因する騒音の発生その他の事象による生活環境の悪化を防止するため必要があるときは、都道府県（法68条1項の規定により住宅宿泊事業の事務処理を選択した保健所設置市又は特別区においては当該保健所設置市又は特別区）は、合理的に必要と認められる限度において、政令で定める基準に従い条例で定めるところにより、区域を定めて、住宅宿泊事業を実施する期間を、180日よりも短い期間に制限することができます（法18条）。

　法18条の規定による制限は、区域ごとに、住宅宿泊事業を実施してはならない期間を指定して行うこととされており、区域、期間の指定ともに、生活環境の悪化を防止することが特に必要である範囲において行うこととされています（施行令1条）。

　2018年2月末時点で代表的な自治体が条例で制限した区域と期間の組み合わせは、図表4－8のとおりです。

図表4－8：自治体別の住宅宿泊事業を制限する条例案の比較

自治体	制限する区域	制限する期間	備　考
東京都大田区	住居専用地域	全期間	－
東京都新宿区	住居専用地域	月曜日から木曜日まで	－
東京都台東区	全域	月曜日から金曜日まで	管理者が常駐しない家主不在型の場合のみ規制
京都市	住居専用地域	3月～12月までの期間	一定の条件を満たす京町家における事業等は除外

出所：日本橋くるみ行政書士事務所作成

---　実務論点⑥　---

住宅宿泊事業を制限する期間を、年間全ての期間とできるか？

　ガイドライン2－4(1)②では、住宅宿泊事業の実施の制限に関して、次の考え方が示されています。

　ゼロ日規制等に対する考え方について

・本法は住宅宿泊事業を適切な規制の下、振興するというものであり、本

法に基づく条例によって年間全ての期間において住宅宿泊事業の実施を一律に制限し、年中制限することや都道府県等の全域を一体として一律に制限すること等は、本法の目的を逸脱するものであり、適切ではない。

・本法では登録された住宅宿泊管理業者への委託義務等により、家主不在型であっても、家主居住型と同様に事業の適正な運営の確保が図られていることから、家主居住型と家主不在型を区分して住宅宿泊事業の制限を行うことは適切ではない。ただし、例えば、家主不在型の民泊客の急激な増大に起因して生活環境が悪化するような特別な場合等合理的に認められる限度において、類型ごとに制限することまでを否定するものではない。

2017年12月8日に全国で初めて制定された大田区住宅宿泊事業法施行条例（条例第45号）2条3項は「第1項各号に掲げる区域での住宅宿泊事業の実施は、全ての期間、これを制限する。」と定めています。地方自治法14条1項では、地方公共団体は、法令に違反しない限りにおいて、条例を定めることができるとされているため、ガイドラインにおいて法の目的を逸脱すると指摘されている年間全ての期間において住宅宿泊事業の実施を一律に制限する大田区住宅宿泊事業法施行条例の定めが、法令違反に該当しないかが今後争点になることが予想されます。

また、ガイドラインには、住宅宿泊事業の実施について、都道府県等の全域を一体として一律に制限することや、家主居住型と家主不在型を区分して住宅宿泊事業の制限を行うことも一般的に適切ではないとの考え方が示されています。住宅宿泊事業の実施を条例で制限しようとする自治体は、ガイドライン等を参考に、制限の内容が法令に違反しないかを慎重に検討する必要があるでしょう。

5．住宅宿泊事業法における業者規制の制定背景

　住宅宿泊事業法は、我が国における主要な民泊プレイヤー、すなわち、①インターネットを通じた民泊の集客を可能とした"プラットフォーマー"、②宿泊のために住宅を提供する"住宅提供者"及び③その委託を受けて施設の管理や清掃等の民泊サービスを代行する"民泊運用代行会社"の存在を踏まえて制度設計されています。住宅宿泊事業法の業者規制を深く理解するた

め、これら3者の役割について説明します。

(1) プラットフォーマー

プラットフォーマーの代表は、"暮らすように旅をしよう"をコンセプトに掲げ、2008年8月に米国のサンフランシスコで設立されたAirbnb、Inc.（エアビーアンドビーインク、以下「Airbnb」）です。Airbnbの事業は、サンフランシスコでデザイン見本市が開催されたときに、ホテルがどこも満室となってしまった際、ホテルに泊まれず困っていた3人のデザイナーに、創業者が居住する住宅の一部でAirbed（エアーベッド）とBreakfast（朝食）を提供する小規模な部屋貸しから始まったといわれています。その後成長を遂げたAirbnbは、現在では戸建住宅やアパートはもちろん、お城、クルーザー、ワイナリーまで様々な物件のマッチングを手掛け、世界191カ国の65,000の都市で300万以上の民泊施設を提供しています。Airbnbでは、住宅の提供者は「ホスト」、宿泊客は「ゲスト」と呼ばれます。

Airbnbのプラットフォームには、ホストとゲスト間のメッセージシステムや決済システム等、民泊提供に必要な機能一式が備わるとともに、ゲストによる器物損壊に備えた保証金制度や損害補償保険の自動付帯等、ホストが安心して民泊を提供できる仕組みが整っています。またAirbnbは、ホストとゲストの双方が安心して取引できるよう、ホストとゲスト間で生じた金銭トラブルの仲裁機能や、ホストとゲストが相互に評価しあうレビュー機能を備えています。Airbnbの予約画面では、民泊施設の内装写真とともに、料金と位置が地図上に表示されます（図表4－9）。

図表4－9：Airbnbの予約画面

Airbnbの成功を受け、世界各地で民泊仲介を手掛けるプラットフォーマーが次々と誕生しました。我が国では、アジアからの訪日外国人旅行者の増加を背景として、Airbnbの他に、自在客（ジザイケ）や途家（トゥージア）等中国系のプラットフォーマーが登録物件数を伸ばしています。また、我が国独自のプラットフォーマーとしては、2015年12月にSTAY JAPANが合法的な民泊の仲介を開始しました（図表4－10）。

図表4－10：主要な民泊プラットフォーマー

	Airbnb airbnb	自在客 zizaike.com	STAY JAPAN STAY JAPAN
企業名	Airbnb, Inc.	Zizaike.com	とまれる株式会社
本社所在国	米国	中国	日本
設立年月日	2008年	2011年	2013年
日本での掲載施設数 （2017年5月）	約49,000軒	約5,400軒	約640軒

出所：各社ホームページ等に基づき日本橋くるみ行政書士事務所作成

　STAY JAPANを除き、これらプラットフォーマーのほとんどは、宿泊に提供できる部屋・物件であれば自由に仲介サイトに登録・掲載することを認めています。誰もが手軽に空き部屋や空き家を民泊活用できるため、我が国でも民泊が急速に普及しましたが、その手軽さが同時に、旅館業法の許可を得ない違法民泊を助長したのも確かです。

　プラットフォーマーによる無秩序な違法民泊仲介を防ぐため、住宅宿泊事業法では、旅行業者以外の者が宿泊者に対する届出住宅における宿泊サービスの提供に係る契約の締結を仲介する事業は、新たに「住宅宿泊仲介業」とされ、同事業を営むには「住宅宿泊仲介業者」として観光庁長官の登録が必要とされました。住宅宿泊仲介業者として登録したプラットフォーマーは、住宅宿泊事業法に基づく届出住宅の仲介を業として営むことができます。

　2017年12月26日には、観光庁から国内外のプラットフォーマー及び旅行業協会に対する通知[65]が発出され、民泊仲介サイト運営事業者は、既掲載物件について営業者からの申告に基づき旅館業の許可番号等を確認する等の方法により、適法性の確認を行うことや適法性の確認ができない物件について

---

[65] 平成29年12月26日観観産第607号、生食発1226第3号「違法民泊物件の仲介等の防止に向けた措置について（通知）」

は、法の施行日である2018年6月15日までにサイトから削除すること等が要請されました。

(2) 住宅提供者

前述のAirbnbの創業エピソードに象徴されるように、欧米諸国で発祥した民泊の原型は、住宅提供者（家主）が居住する住宅の一部を宿泊客に提供する"家主居住型"（ホームステイ型）といわれています。家主居住型の民泊では、家主が自ら宿泊客からの予約受付、リクエスト、鍵の受渡し等の事務手続きを行うほか、宿泊客と一緒に食事や観光案内をすることもあります。Airbnbでは、ゲストからの高評価レビューや宿泊受入実績数等の一定条件を満たしたホストは「スーパーホスト」に認定されます（図表4―11）。スーパーホストが運営する民泊施設は、他に比べ人気が高まり、事業収益性の直接的な向上につながります。人と人との交流が重視される民泊では、施設のクオリティのみならず、ホストの信頼性とホスピタリティ（おもてなし）が重要な差別化要因となります。

住宅宿泊事業法では、都道府県知事等への届出により、旅館業法の許可を受けることなく住宅宿泊事業を営むことができることとされました。また、住宅宿泊事業のうち、家主居住型のものは、家主の目が届く範囲での適正な運営の確保が期待されるため、住宅宿泊管理業者への委託なしで営むことができることとされました。この規制緩和を受け、既存の民泊ホストはもちろん、子供が独立して時間と居住スペースに余裕があるシニア世代等、これまで民泊を営んだことがなかった人々が「住宅宿泊事業者」となり、我が国における合法的なホームステイ型民泊の担い手となることが期待されます。

(3) 民泊運用代行会社

欧米の民泊は、現在でも家主が自宅の一部を提供する家主居住型が主流と

図表4―11：Airbnbにおけるスーパーホストの認定基準

項　目	認定基準
宿泊受入実績	過去1年間で最低10件
返答率	過去1年間で90％以上をキープ
レビューの評価	過去1年間で80％以上が5つ星評価（最高値）かつ泊まったゲストの半数以上がレビューを残している。
予約のキャンセル	過去1年間で確定した予約はホスト側からキャンセルせず、すべて宿泊完了まで履行した。

出所：Airbnbサイトを基に日本橋くるみ行政書士事務所作成

いわれています。しかし、我が国で普及した民泊は、家主が居住しないマンションの空き部屋や戸建の空き家を利用する投資目的の"家主不在型"が大半を占めるといわれます。この家主不在型の民泊は、家主に代わって宿泊客対応や清掃を行う民泊運用代行会社の出現により急拡大しました。

民泊運用代行会社は、民泊施設の稼働前においては、家主に対して①収益シミュレーションの作成、②家具・家電購入、インテリアコーディネートの提案、③プロカメラマンによる施設の写真撮影、④宿泊予約サイトの登録代行、集客ページ作成、⑤ハウスルール、マニュアル、観光ガイド等作成といった開業準備サービスを、民泊施設の稼働後は、⑥宿泊価格最適化、宿泊スケジュール管理、⑦宿泊者からの質問対応、トラブル時の緊急対応、⑧清掃サービス（消耗品補充等を含む）、⑨代金回収代行といった運用代行サービスを提供します。

運用代行サービスの手数料体系は様々ですが、一般的には「宿泊料×一定率（15％〜30％）＋清掃費用」で決定されます。近年では、運用代行サービスの分業化が進み、インターネットで完結するオンライン業務のみ自社で運用し、現地対応が必要なサービス（例；清掃）は外部委託する形態が主流となってきています。このような運用代行会社の中には、人件費が安く英語対応が可能なフィリピン等の諸外国でオンライン業務を行っている例もあります。

このような家主不在型の民泊は、効率性を重視するため、民泊施設は清掃を除き、ほぼ無人で運営されます。家主による管理が期待される家主居住型に比べ、家主不在型は宿泊者による騒音、ゴミ出し等による近隣トラブルや施設悪用等のリスクが高く、また、近隣住民からの苦情の申入れ先も不明確との指摘がありました。そのような施設で安全面・衛生面の適正な管理を確保するため、家主不在型の住宅宿泊事業を営む住宅宿泊事業者は、国土交通大臣の登録を受けた「住宅宿泊管理業者」に管理業務を委託することが必要とされました。

住宅宿泊事業法の施行後、民泊運用代行会社は住宅宿泊管理業者として自ら登録するか又は住宅宿泊管理業者の再委託先となり、国土交通大臣又は委託元の住宅宿泊管理業者の監督の下、家主不在型の届出住宅の適正な管理又は一部業務の実施を担うことが期待されます。

6．住宅宿泊事業法における業者規制

住宅宿泊事業法における業者規制の仕組みは、図表4—12のとおりです。

図表4—12：住宅宿泊事業法の仕組み

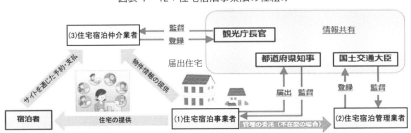

出所：国土交通省「住宅宿泊事業法案―法案の概要」を一部修正

(1) 住宅宿泊事業者

住宅宿泊事業を営むには、都道府県知事等への届出が必要となります。届出をした者は「住宅宿泊事業者」となり、旅館業法の規定にかかわらず、住宅宿泊事業を営むことができます（法3条）。

① 届出住宅の管理委託の要否

届出住宅が以下のいずれかに該当する場合は、住宅宿泊事業者は、原則として、後述する住宅宿泊管理業者に、届出住宅の管理を委託しなければなりません（法11条1項本文）

> （一） 届出住宅の居室の数が5[66]を超える場合
> （二） 届出住宅に人を宿泊させる間、住宅宿泊事業者が不在[67]となる場合（住宅宿泊事業者が生活の本拠として使用する住宅と当該届出住宅が同一の建築物内若しくは敷地内にあるとき又は隣接しているとき[68]であり、かつ届出住宅の居室であって、それに係る住宅宿泊管理業務を住宅宿泊事業者が自ら行うものの数の合計が5以下であるときを除く）[69]。

---

[66] 施行規則9条2項。
[67] 不在が一時的なものとして、日常生活を営む上で通常行われる行為に要する時間の範囲内の不在を除く（住宅宿泊事業法施行規則9条3項）。なお、ここでいう「日常生活を営む上で通常行われる行為に要する時間」とは、届出住宅が所在する地域の事情等を勘案する必要があるため、一概に定めることは適当ではないが、原則1時間とする。ただし、生活必需品を購入するための最寄り店舗の位置や交通手段の状況等により当該行為が長時間にわたることが想定される場合には、2時間程度までの範囲とする（ガイドライン2−2(7)③）。
[68] 住宅宿泊事業者が当該届出住宅から発生する騒音その他の事象による生活環境の悪化を認識することができないことが明らかであるときを除く。
[69] 施行規則9条4項。

㈠は、家主が不在とならない狭義の家主居住型(以下、家主同居型)の場合でも、届出住宅の居室数が6以上となる場合には、住宅宿泊管理業者に管理を委託することを定めています。

㈡は、家主が不在となる場合のうち、住宅宿泊事業者が生活の本拠として使用する住宅に届出住宅が最低でも隣接し、かつ、住宅宿泊事業者が自ら管理する居室数の合計(家主居住型の届出住宅における居室数を含む)が5以下となる広義の"家主居住型"(以下、家主居住型)のとき以外のいわゆる"家主不在型"では、住宅宿泊管理業者に管理を委託することを義務付けています。

なお、ここでいう居室数には、住宅宿泊事業の用に供する居室のみをカウントします(法5条)。

ただし、住宅宿泊事業者は住宅宿泊管理業者の登録をすれば、㈠又は㈡に該当する届出住宅の管理を自ら行うことができます(法11条1項但書)。

以上の関係を示したフローチャートは、図表4─13のとおりです。

図表4─13:管理委託の要否判定フローチャート

届出住宅の家主は、日常生活を営む上で通常行われる行為に要する時間の範囲を超えて不在となるか?	No→	届出住宅の居室(住宅宿泊事業の用に供するものに限る)の数は5を超えるか?	No→	管理委託は不要【家主同居型】標識:第四号様式
↓Yes		↓Yes		
住宅宿泊事業者が生活の本拠として使用する住宅に届出住宅が隣接等するか?	No→	住宅宿泊事業者が住宅宿泊管理業者である場合において、当該住宅宿泊事業者が自ら当該届出住宅に係る住宅宿泊管理業務を行うか?	No→	管理委託が必要【管理業者委託型】標識:第六号様式
↓Yes				
住宅宿泊事業者が自ら管理する届出住宅の居室の数は合計5以下か?				
↓Yes		↓Yes		
管理委託は不要【家主居住型】標識:第五号様式		管理委託は不要【家主管理業者型】標識:第六号様式		

出所:日本橋くるみ行政書士事務所作成

② 住宅宿泊事業の適切な実施のための業務

住宅宿泊事業者には、自主管理する届出住宅について、図表４−14に掲げる住宅宿泊事業の適切な実施のための業務の実施が義務付けられます。

図表４−14：住宅宿泊事業の適切な実施のための業務（法５条から法10条）

業務（条文）	具体的な内容
宿泊者の衛生の確保（法５条）	・各居室の床面積に応じた宿泊者数の制限 ・定期的な清掃 ・その他の厚生労働省令で定める措置
宿泊者の安全の確保（法６条）	・非常用照明器具の設置 ・避難経路の表示 ・その他の国土交通省令で定める措置
外国人観光旅客である宿泊者の快適性及び利便性の確保（法７条）	・届出住宅の設備の使用方法に関する外国語を用いた案内 ・移動のための交通手段に関する外国語を用いた情報提供 ・その他の国土交通省令で定める措置
宿泊者名簿の備付け等（法８条）	・届出住宅での宿泊者名簿の備付 ・宿泊者名簿への宿泊者の氏名、住所、職業その他の国土交通省令 ・厚生労働省令で定める事項の記載 ・宿泊者名簿の提出（都道府県知事の要求があった場合）
周辺地域の生活環境への悪影響の防止に関し必要な事項の説明（法９条）	・宿泊者に対する騒音の防止のために配慮すべき事項その他の国土交通省令 ・厚生労働省令で定める事項の説明 ・外国人観光旅客である宿泊者に対しては、外国語を用いた上記事項の説明
苦情への対応（法10条）	・届出住宅の周辺地域の住民からの苦情及び問合せに対する適切かつ迅速な対応

出所：日本橋くるみ行政書士事務所作成

法５条における各居室の床面積に応じた宿泊者数の制限として、居室の床面積は、宿泊者１人当たり3.3㎡以上を確保しなければなりません（厚生労働省関係住宅宿泊事業法施行規則１号）。

法６条に基づく、宿泊者の安全の確保を図るために必要な措置であって国土交通省令で定めるものとして、住宅宿泊事業者は、届出住宅の用途（住宅、長屋、共同住宅、寄宿舎）や規模に応じ、一定の安全措置を講じなければなりません（図表４−15）[70]。

---

[70] 平成29年11月28日　国土交通省告示第1109号「非常用照明器具の設置方法及び火災その他の災害が発生した場合における宿泊者の安全の確保を図るために必要な措置を定める件」

図表4-15：届出住宅の建て方と規模等に応じた安全措置の適用要否

安全措置の内容	届出住宅の建て方と規模等			
	戸建住宅、長屋		共同住宅、寄宿舎	
	家主同居型で宿泊室50㎡以下	左記以外	家主同居型で宿泊室50㎡以下	左記以外
非常用照明器具	適用なし（設置不要）	適用あり	適用なし（設置不要）	適用あり
警報器の設置等	適用なし（設置不要）	適用あり(*1)	適用なし（設置不要）	適用あり(*1)
その他の措置	適用あり(*2)		適用なし（措置を講ずる必要なし）	

（*1）複数のグループが複数の宿泊室に宿泊する場合のみ適用あり。
（*2）戸建住宅、長屋に適用されるその他の措置の内容は図表4-16を参照。
出所：国土交通省告示第1109号を基に日本橋くるみ行政書士事務所作成

<u>すべての用途に共通の安全措置</u>

　すべての届出住宅には、平成12年建設省告示第1411号に定める場合（第Ⅴ章3(2)⑥を参照）を除き、原則として非常用照明器具を設置しなければなりません。また、届出住宅のうち、複数のグループが複数の宿泊室に宿泊するものには、宿泊室と避難経路とを準耐火構造の壁で区画し、当該壁を小屋裏又は天井裏に達せしめた場合等を除き、原則として宿泊者使用部分の各居室に、連動型住宅用防災警報器等を設置しなければなりません。

　ただし、人を宿泊させる間、住宅宿泊事業者が不在とならない場合[71]であって、宿泊室（届出住宅の居室のうち宿泊者の就寝の用に供するもの）の床面積の合計が50㎡以下のときには、非常用照明器具及び警報器等を設置する等の措置を講ずる必要はありません。

<u>届出住宅の用途が戸建住宅又は長屋の場合に適用される安全措置</u>

　届出住宅の用途が戸建住宅又は長屋である場合には、下表に掲げる例外の場合を除き、宿泊者使用部分を制限する等の安全措置を講じなければなりません（図表4-16）。なお、当該措置は、家主同居型の場合であって、宿泊室の床面積の合計が50㎡以下のときにも適用されます。

---

[71] 図表4-13における「家主同居型」の場合が該当する。

図表4—16:届出住宅の用途が戸建住宅又は長屋の場合に適用される安全措置

	措置(*1)(*2)	左記の例外の場合
1	2階以上の各階における宿泊室の床面積の合計を100㎡以下とすること	当該階から避難階又は地上に通ずる2以上の直通階段を設けている場合
2	宿泊者使用部分の床面積の合計を200㎡未満とすること	次のイ又はロに該当する場合 イ　届出住宅が耐火建築物、準耐火建築物又は建築基準法施行令第109条の2の2に規定する特定避難時間倒壊等防止建築物（同令第110条第1号イに規定する特定避難時間が45分間以上のものに限る。）である場合 ロ　イ以外の場合で、宿泊室及び当該宿泊室から地上に通ずる部分が、建築基準法施行令第128条の5第1項に規定する技術的基準に適合している場合
3	各階における宿泊者使用部分の床面積の合計を200㎡（地階にあっては100㎡）以下とすること	当該階の廊下（3室以下の専用のものを除く。）の幅が、両側に居室がある廊下にあっては1.6m以上、その他の廊下にあっては1.2m以上である場合
4	2階における宿泊者使用部分の床面積の合計を300㎡未満とすること	届出住宅が準耐火建築物である場合
5	宿泊者使用部分を3階以上の階に設けないこと	届出住宅が耐火建築物である場合

（*1）長屋の複数の住戸において届出が行われている場合には、各届出住宅単位で措置を行うこととする。
（*2）右欄の例外に該当する場合は措置を講ずる必要はない。
出所：国土交通省告示第1109号を基に元に日本橋くるみ行政書士事務所作成

　届出住宅の用途が戸建住宅又は長屋の場合に適用されるこれらの措置の多くは、滞在期間が3～6日の特区民泊施設が適合すべき基準と共通です（第Ⅲ章3(3)を参照）。
③　標識の掲示義務
　住宅宿泊事業者は、届出住宅ごとに、公衆の見やすい場所に標識を掲示しなければなりません（法13条）。標識の様式は、前述の図表4—13の区分に応じ、3種類が設けられています（施行規則11条）（図表4—17）。

図表4－17：届出住宅に掲示する標識の種類

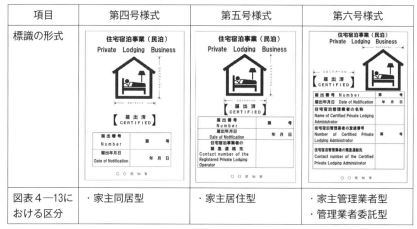

項目	第四号様式	第五号様式	第六号様式
標識の形式			
図表4－13における区分	・家主同居型	・家主居住型	・家主管理業者型 ・管理業者委託型

④ 届出書の記載事項と添付書類

　住宅宿泊事業の届出をしようとする者は、住宅宿泊事業を営もうとする住宅ごとに、次の事項を記載した届出書を都道府県知事等に提出しなければなりません（法3条2項）。

一　商号、名称又は氏名及び住所
二　法人である場合においては、その役員の氏名
三　未成年者である場合においては、その法定代理人の氏名及び住所（法定代理人が法人である場合にあっては、その商号又は名称及び住所並びにその役員の氏名）
四　住宅の所在地
五　営業所又は事務所を設ける場合においては、その名称及び所在地
六　11条1項の規定による住宅宿泊管理業務の委託をする場合においては、その相手方である住宅宿泊管理業者の商号、名称又は氏名その他の国土交通省令・厚生労働省令で定める事項
七　その他国土交通省令・厚生労働省令で定める事項

　法3条2項6号の国土交通省令・厚生労働省令で定める事項は、次のとおりです（施行規則4条2項）。

一　住宅宿泊管理業者の商号、名称又は氏名
二　住宅宿泊管理業者の登録年月日及び登録番号
三　法32条1号に規定する管理受託契約の内容

法3条2項7号の国土交通省令・厚生労働省令で定める事項は、次のとおりです（施行規則4条3項）。

一　届出をしようとする者（以下、届出者）の生年月日及び性別（届出者が法人である場合にあっては、その役員の生年月日及び性別）
二　届出者が未成年である場合においては、その法定代理人の生年月日及び性別（法定代理人が法人である場合にあっては、その役員の生年月日及び性別）
三　届出者が法人である場合においては、法人番号
四　届出者が住宅宿泊管理業者である場合においては、その登録年月日及び登録番号
五　届出者の連絡先
六　住宅の不動産番号
七　第二条各号に掲げる家屋の別
八　一戸建ての住宅、長屋、共同住宅又は寄宿舎の別
九　住宅の規模
十　住宅に人を宿泊させる間、届出者が不在（法11条1項2号の国土交通省令・厚生労働省令で定める不在を除く）とならない場合においては、その旨
十一　届出者が賃借人である場合においては、賃貸人が住宅宿泊事業の用に供することを目的とした賃借物の転貸を承諾している旨
十二　届出者が転借人である場合においては、賃貸人及び転貸人が住宅宿泊事業の用に供することを目的とした転借物の転貸を承諾している旨
十三　住宅がある建物が二以上の区分所有者が存する建物で人の居住の用に供する専有部分のあるものである場合においては、規約に住宅宿泊事業を営むことを禁止する旨の定めがない旨（当該規約に住宅宿泊事業を営むことについての定めがない場合は、管理組合に届出住宅において住宅宿泊事業を営むことを禁止する意思がない旨を含む。）。

届出書には、届出者が法人、個人の場合の別に、図表4—18に示す書類を添付しなければなりません（施行規則4条4項）。

図表4―18：届出書に添付が必要な資料

届出書への添付書類	届出者 法人	届出者 個人
A　定款又は寄付行為	○	
B　登記事項証明書	○	
C　役員が、成年被後見人及び被保佐人に該当しない旨の後見等登記事項証明書	○	
D　役員が、成年被後見人及び被保佐人とみなされる者並びに破産手続開始の決定を受けて復権を得ない者に該当しない旨の市町村の長の証明書	○	
A'　届出者が、成年被後見人及び被保佐人に該当しない旨の後見等登記事項証明書		○
B'　届出者が、成年被後見人及び被保佐人とみなされる者並びに破産手続開始の決定を受けて復権を得ない者に該当しない旨の市町村の長の証明書		○
C'　営業に関し成年者と同一の行為能力を有しない未成年者であって、その法定代理人が法人である場合においては、その法定代理人の登記事項証明書		○
D'　届出者が、成年被後見人及び被保佐人に該当しない旨の後見等登記事項証明書		○
①住宅の登記事項証明書	○	○
②住宅が入居者の募集が行われている家屋に該当する場合においては、入居者の募集の広告等の証明書類	○	○
③住宅がいわゆる別荘に該当する場合においては、当該住宅が随時その所有者、賃借人又は転借人の居住の用に供されていることを証する書類	○	○
④次を明示した住宅の図面……(1)台所、浴室、便所及び洗面設備の位置、(2)住宅の間取り及び出入口、(3)各階の別、(4)居室、宿泊室及び宿泊者の使用に供する部分それぞれの床面積	○	○
⑤届出者が賃借人である場合においては、賃貸人が住宅宿泊事業の用に供することを目的とした賃借物の転貸を承諾したことを証する書面	○	○
⑥届出者が転借人である場合においては、賃貸人及び転貸人が住宅宿泊事業の用に供することを目的とした転借物の転貸を承諾したことを証する書面	○	○
⑦住宅がある建物が区分所有建物である場合においては、専有部分の用途に関する規約の写し	○	○
⑧上記⑨の場合において、規約に住宅宿泊事業を営むことについての定めがない場合は、管理組合に届出住宅において住宅宿泊事業を営むことを禁止する意思がないことを確認したことを証する書類	○	○

⑨届出者が住宅に係る住宅宿泊管理業務を住宅宿泊管理業者に委託する場合においては、管理受託契約の締結時の書面の写し		○	○
⑩法4条に掲げる一定の欠格事由に該当しないことを誓約する書面		○	○

出所：日本橋くるみ行政書士事務所作成

　届出事項において実務上特に重要となるのは、届出者が賃借人又は転借人である場合と、住宅宿泊事業を営もうとする住宅が区分所有建物（分譲マンション）である場合です。

　届出者が賃借人又は転借人である場合、届出者は、賃貸人又は賃貸人及びすべての転貸人が住宅宿泊事業の用に供することを目的とした賃借物の転貸を承諾している旨を届出書に記載するとともに、転貸承諾を証する書面を届出書に添付しなければなりません。転貸承諾に関する論点は、第Ⅲ章4(4)を参照ください。

　住宅宿泊事業を営もうとする住宅が区分所有建物の場合、届出者は、マンション管理規約に住宅宿泊事業を営むことを禁止する旨の定めがない旨（当該規約に住宅宿泊事業を営むことについての定めがない場合は、管理組合に届出住宅において住宅宿泊事業を営むことを禁止する意思がない旨）を届出書に記載するとともに、管理規約の写し及び管理規約に住宅宿泊事業を営むことについての定めがない場合は、管理組合に届出住宅において住宅宿泊事業を営むことを禁止する意思がないことを確認したことを証する書類を届出書に添付しなければなりません。マンション管理規約に関する論点は、本章3(3)を参照ください。

　これらについて虚偽の届出をした者は、6月以下の懲役若しくは百万円以下の罰金に処され、又はこれらを併科されます（法73条1項1号）。

⑤　都道府県知事等への報告義務

　住宅宿泊事業者は、(a)届出住宅に人を宿泊させた日数、(b)宿泊者数、(c)延べ宿泊者数及び(d)国籍別の宿泊者数の内訳を、定期的に都道府県知事等に報告しなければなりません（法14条、施行規則12条1項）。

　住宅宿泊事業者は、届出住宅ごとに、毎年2月、4月、6月、8月、10月及び12月の15日までに、それぞれの月の前2月の(a)～(d)の事項（例：12月15日までに、10月及び11月の2月分の事項）を報告しなければなりません（施行規則12条2項）。

⑥　住宅事業者宿泊による宿泊拒否

　旅館業の営業者は、宿泊しようとする者が伝染病にかかっていると明らかに認められるときや宿泊施設に余裕がないとき等、一定の宿泊拒否事由がない限り、宿泊を拒むことができません（旅館業法5条）。他方、住宅宿泊事業法には、旅館業法と同様の宿泊拒否制限の規定はありません。このため、例えば、ホスト・ゲスト間の相互レビュー制度の発達した一部の民泊プラットフォームを利用する住宅宿泊事業者は、レビュー評価の低いゲストからの申込を拒否することで、宿泊者とのトラブルを未然に回避することができる場合があります。

(2)　**住宅宿泊管理業者**

　住宅宿泊事業の適切な実施のための業務（法5条から法10条までの規定）及び住宅宿泊事業の適切な実施のために必要な届出住宅の維持保全に関する業務は「住宅宿泊管理業務」と定義されます（法2条5項）。

　住宅宿泊事業者から委託を受けて、報酬を得て、住宅宿泊管理業務を行う事業は「住宅宿泊管理業」と定義され（法2条6項）、当該事業を営む者は「住宅宿泊管理業者」として国土交通大臣の登録が必要となります（法2条7項、法22条1項）。

　住宅宿泊管理業者は、管理の委託を受けた届出住宅において、図表4—14に掲げる住宅宿泊事業の適切な実施のための業務を遂行する義務を負います（法36条）。

　住宅宿泊管理業者は、信義を旨とし、誠実にその業務を行わなければならないとする業務処理の原則（法29条）に基づき、名義貸しの禁止（法30条）、誇大広告等の禁止（法31条）、不当な勧誘等の禁止（法32条）、管理受託契約の締結前の書面の交付（法33条）、管理受託契約の締結時の書面の交付（法34条）、住宅宿泊管理業務の全部再委託の禁止（法35条）、証明書の携帯等（法37条）、帳簿の備付け等（法38条）、標識の掲示（法39条）、住宅宿泊事業者への定期報告（法40条）といった義務を負います。

　住宅宿泊管理業者が、住宅宿泊事業者から委託された住宅宿泊管理業務の全部を他の者に対し再委託することを禁ずる法35条の反対解釈により、住宅宿泊管理業者は、住宅宿泊管理業務の一部を他者に再委託することができます（ガイドライン3—2⑿を参照）。

　このため、例えば、賃貸住宅の管理業務を営む賃貸住宅管理業者が、住宅宿泊管理業者の登録をして、住宅宿泊事業の届出を行った共同住宅のオー

ナーから住宅宿泊管理業務の委託を受け、住宅宿泊事業の適切な実施のために必要な届出住宅の維持保全に関する業務は自ら行い、図表4―14に掲げる住宅宿泊事業の適切な実施のための業務（法5条から法10条までの規定）は民泊運用代行会社に再委託するといったスキームが可能です。この場合、住宅宿泊管理業者から再委託を受けて住宅宿泊管理業務の一部を行う事業は、住宅宿泊管理業には該当しないため、再委託を受ける民泊運用代行会社は、住宅宿泊管理業者の登録をする必要はありません（図表4―19）。

図表4―19：賃貸住宅管理業者による再委託型・住宅宿泊管理業スキーム

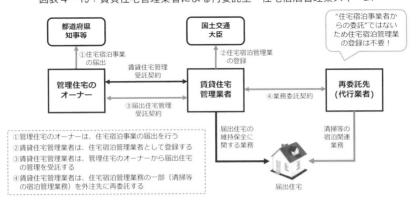

出所：日本橋くるみ行政書士事務所作成

(3) 住宅宿泊仲介業者

宿泊者と住宅宿泊事業者の間の宿泊サービス提供契約（宿泊者に対する届出住宅における宿泊サービスの提供に係る契約）の締結を仲介（代理、媒介又は取次ぎ）する業務は「住宅宿泊仲介業務」と定義されます（法2条8項）。

旅行業法に規定される旅行業者以外の者が、報酬を得て、住宅宿泊仲介業務を行う事業は「住宅宿泊仲介業」と定義され（法2条9項）、当該事業を営む者は「住宅宿泊仲介業者」として観光庁長官の登録が必要となります（法2条10項、法46条1項）。

住宅宿泊仲介業者は、信義を旨とし、誠実にその業務を行わなければならないとする業務処理の原則（法53条）に基づき、名義貸しの禁止（法54条）、住宅宿泊仲介業約款の観光庁長官への届出（法55条）、料金の公示及び公示した料金を超えた料金収受の禁止（法56条）、不当な勧誘等の禁止（法57条）、違法行為のあっせん等の禁止（法58条）、宿泊者に対する住宅宿泊仲介

契約の締結前の書面の交付（法59条）、標識の掲示（法60条）といった義務を負います。

住宅宿泊事業者による無登録業者への仲介委託の禁止

　住宅宿泊事業者は、宿泊サービス提供契約の締結の仲介を他人に委託する場合は、旅行業者又は住宅宿泊仲介業者に委託しなければなりません（法12条）。

　この規定は、海外OTA（Online Travel Agent）と呼ばれる旅行予約サイトを運営する外国法人に対する規制強化の観点から、重要な意味を持ちます。すなわち、12条の規定とは対照的に、旅館業法に規定される営業者は、宿泊サービス契約の仲介を他人に委託する場合に、旅行業者への委託を義務付けられていません。また、外国法に準拠した海外OTAは旅行業法の対象外と解されており、旅行業の登録なしで、日本国内の宿泊サービス契約の仲介が可能とされています。この結果、多くの旅館業の営業者が、我が国の規制・監督が及ばない無登録の海外OTAに宿泊サービスの仲介取引を委託している状況にあります。

　住宅宿泊事業者から無登録の海外OTAへの宿泊サービス提供契約の仲介の委託を禁じる法12条の規定により、現に民泊の仲介を行っている海外OTAによる旅行業又は住宅宿泊仲介業の登録が促されることが期待されます。

7．各業の欠格事由・登録拒否要件

　住宅宿泊事業法は、住宅宿泊事業を営もうとする者については欠格事由を、住宅宿泊管理業又は住宅宿泊仲介業を営もうとする者については登録拒否要件を定めることで、各業を営める者に一定の制限を設けています（図表4—20）。

図表4—20：住宅宿泊事業法における欠格事由及び登録拒否要件

項目＼業	住宅宿泊事業 （法4条）	住宅宿泊管理業 （法25条1項）	住宅宿泊仲介業 （法49条1項）
欠格事由 登録拒否要件	1．成年被後見人又は被保佐人 2．破産手続開始の決定を受けて復権を得ない者	1．成年被後見人又は被保佐人 2．破産手続開始の決定を受けて復権を得ない者	1．成年被後見人若しくは被保佐人又は外国の法令上これらと同様に取り扱われている者

	住宅宿泊事業者	住宅宿泊管理業者	住宅宿泊仲介業者
	3．住宅宿泊事業の廃止を命ぜられた日から3年を経過しない者 4．禁錮以上の刑に処せられ、又はこの法律若しくは旅館業法の規定により罰金の刑に処せられ、その執行を終わり、又は執行を受けることがなくなった日から3年を経過しない者 5．暴力団員又は暴力団員でなくなった日から5年を経過しない者（以下、暴力団員等という） 6．営業に関し成年者と同一の行為能力を有しない未成年者でその法定代理人が前各号のいずれかに該当するもの 7．法人であって、その役員のうちに1から5までのいずれかに該当する者があるもの 8．暴力団員等がその事業活動を支配する者	3．住宅宿泊管理業の登録を取り消され、その取消しの日から5年を経過しない者 4．禁錮以上の刑に処せられ、又はこの法律の規定により罰金の刑に処せられ、その執行を終わり、又は執行を受けることがなくなった日から5年を経過しない者 5．暴力団員等 6．住宅宿泊管理業に関し不正又は不誠実な行為をするおそれがあると認めるに足りる相当の理由がある者として国土交通省令で定めるもの 7．営業に関し成年者と同一の行為能力を有しない未成年者でその法定代理人が前各号のいずれかに該当するもの 8．法人であって、その役員のうちに1から6までのいずれかに該当する者があるもの 9．暴力団員等がその事業活動を支配する者 10．住宅宿泊管理業を遂行するために必要と認められる国土交通省令で定める基準に適合する財産的基礎を有しない者 11．住宅宿泊管理業を的確に遂行するための必要な体制が整備	2．破産手続開始の決定を受けて復権を得ない者又は外国の法令上これと同様に取り扱われている者 3．住宅宿泊仲介業登録を取り消され、その取消しの日から5年を経過しない者 4．禁錮以上の刑（これに相当する外国の法令による刑を含む。）に処せられ、又はこの法律若しくは旅行業法若しくはこれらに相当する外国の法令の規定により罰金の刑（これに相当する外国の法令による刑を含む。）に処せられ、その執行を終わり、又は執行を受けることがなくなった日から5年を経過しない者 5．暴力団員等 6．住宅宿泊仲介業に関し不正又は不誠実な行為をするおそれがあると認めるに足りる相当の理由がある者として国土交通省令で定めるもの 7．営業に関し成年者と同一の行為能力を有しない未成年者でその法定代理人が前各号のいずれかに該当するもの 8．法人であって、その役員のうちに第一号から第六号までのいずれかに該当する

		されていない者として国土交通省令で定めるもの	者があるもの 9．暴力団員等がその事業活動を支配する者 10．住宅宿泊仲介業を遂行するために必要と認められる国土交通省令で定める基準に適合する財産的基礎を有しない者 11．住宅宿泊仲介業を的確に遂行するための必要な体制が整備されていない者として国土交通省令で定めるもの

（＊1）国土交通省で定める基準として、①負債の合計額が資産の合計額を超えないこと及び②支払不能に陥っていないことが示されている（国規則8条、30条）

<u>住宅宿泊管理業を適切に遂行するための必要な体制が整備されていない者</u>

法25条1項11号に規定される「住宅宿泊管理業を的確に遂行するための必要な体制が整備されていない者として国土交通省令で定めるもの」として、国規則9条1号には、「管理受託契約の締結に係る業務の執行が法令に適合することを確保するための必要な体制が整備されていると認められない者」が規定されています。

住宅宿泊管理業の登録をしようとする申請者が、住宅の取引又は管理に関する契約実務を伴う業務に2年以上従事した者である場合又はそれらの者と同等の能力を有すると認められる場合には、国規則9条1号に規定される必要な体制が整備されていると認められます。ここで、申請者が次のいずれかに該当する場合には「同等の能力」を有するものとみなされます（ガイドライン3－1⑺①）。

・宅地建物取引業者の免許を受けていること
・マンション管理業者の登録を受けていること
・賃貸住宅管理業者の登録を受けていること
・宅地建物取引士、管理業務主任者又は賃貸不動産経営管理士のいずれかの登録を受けた従業者を有すること

以上をまとめたフローチャートは、図表4－21のとおりです。

申請者が住宅の取引又は管理に関する契約実務を伴う業務に2年以上従事

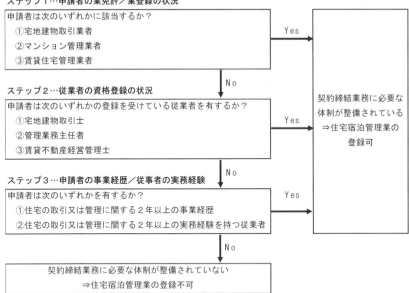

図表4－21：管理受託契約の締結に係る体制具備の判定フローチャート

出所：日本橋くるみ行政書士事務所作成

した者であること又はそれらの者と同等の能力を有すると認められることを証明できない場合は、住宅宿泊管理業者の登録を拒否される可能性があります。

8．事業者に対する監督規定

　住宅宿泊事業法は、各事業者を監督する行政庁に、事業者に対する業務改善命令、業務停止命令／登録の取消し、報告徴収及び立入検査といった監督権限を与えています（図表4－22）。

(1) 住宅宿泊事業者に対する監督

　住宅宿泊事業者に対する監督権限は、都道府県知事等に付与されています。住宅宿泊事業の適正な運営を確保するため必要があると認めるときは、都道府県知事等は、住宅宿泊事業者に対して、業務改善命令（法15条）並びに報告徴求及び立入検査（法17条）の監督権限を行使できます。また、住宅宿泊事業者がその営む住宅宿泊事業に関し法令又は業務改善命令に違反したときは、都道府県知事等は、1年以内業務停止を命ずることができます（法16条1項）。さらに、住宅宿泊事業者が法令又は業務改善命令若しくは業務

図表4—22：行政庁から事業者に対する監督権限

行政庁 業者	都道府県知事等	国土交通大臣	観光庁長官
住宅宿泊 事業者	・業務改善命令（法15条） ・業務停止命令（法16条） ・報告徴収及び立入検査（法17条）	—	—
住宅宿泊 管理業者	【一部業務に限る】 ・業務改善命令（法41条2項） ・国土交通大臣に対する処分要請（法42条2項） ・報告徴求及び立入検査（法45条2項）	・業務改善命令（法41条1項） ・登録の取消し又は業務停止命令（法42条1項） ・監督処分等の公告（法44条） ・報告徴求及び立入検査（法45条1項）	—
住宅宿泊 仲介業者	—	—	・業務改善命令（法61条1項） ・登録の取消し又は業務停止命令（法62条） ・監督処分等の公告（法65条） ・報告徴求及び立入検査（法66条）
外国住宅宿泊 仲介業者	—	—	・業務改善請求（法61条2項） ・登録の取消し又は業務停止請求（法63条） ・監督処分等の公告（法65条）

出所：日本橋くるみ行政書士事務所作成

停止命令に違反した場合で、他の方法により監督の目的を達成することができないときは、都道府県知事等は、住宅宿泊事業の廃止を命ずることができます（法16条2項）。

(2) **住宅宿泊管理業者に対する監督**

住宅宿泊管理業者に対する包括的な監督権限が国土交通大臣に付与される

とともに、住宅宿泊管理業のうち一部業務（法36条において準用する、法5条から10条までの業務）に限定した監督権限が都道府県知事等に付与されています。

　国土交通大臣は、住宅宿泊管理業の適正な運営を確保するため必要があると認めるときは、住宅宿泊管理業者に対して、業務改善命令（法41条1項）並びに報告徴求及び立入検査（法45条1項）の監督権限を行使できます。また、住宅宿泊管理業者が、その営む住宅宿泊事業に関し法令又は業務改善命令に違反した等、一定の場合には、国土交通大臣は登録の取消し又は1年以内業務停止を命ずることができます（法42条1項）。国土交通大臣は、住宅宿泊管理業者に対し登録取消し又は業務停止命令の処分を下したときは、その旨を公告しなければなりません（法44条）。

　都道府県知事等は、住宅宿泊管理業のうち法36条において準用する法5条から法10条までの業務の適正な運営を確保するため必要があると認めるときは、住宅宿泊管理業者に対して、業務改善命令（法41条2項）並びに報告徴求及び立入検査（法45条2項）の監督権限を行使できます。さらに、住宅宿泊管理業者が法5条から法10条までの規定に違反したとき、又は都道府県知事等による業務改善命令に違反したときは、都道府県知事等は、国土交通大臣に対し登録の取消し等を要請することができます（法42条2項）。

(3)　**住宅宿泊仲介業者に対する監督**

　前述のとおり、住宅宿泊事業法では海外OTA等による住宅宿泊仲介業の登録が想定されており、国内に主たる事務所を有しない法人等で、外国において住宅宿泊仲介業を営む者は「外国住宅宿泊仲介業者」と定義され、個別の監督規定が置かれています。

　住宅宿泊仲介業者に対する監督権限は、観光庁長官に付与されており、住宅宿泊仲介業の適正な運営を確保するため必要があると認めるときは、観光庁長官は、住宅宿泊仲介業者に対する報告徴求及び立入検査を行い（法66条、法63条1項4号）、外国住宅宿泊仲介業者を除く住宅宿泊仲介業者に対しては業務改善を命ずることが、外国住宅宿泊仲介業者に対しては、業務改善を請求することができます（法61条1項、2項）。さらに、住宅宿泊仲介業者がその営む住宅宿泊仲介業に関し法令又は業務改善命令に違反した等、一定の場合には、観光庁長官は、外国住宅宿泊仲介業者を除く住宅宿泊仲介業者に対しては登録の取消し又は1年以内の業務停止を命ずることが、外国住宅宿泊仲介業者に対しては、登録の取消し又は1年以内の業務停止を請求

することができます(法62条、法63条)。外国住宅宿泊仲介業者には、観光庁長官の監督権限が及ばない可能性があるため、業務改善・停止の「命令」ではなく「請求」と表現されています。観光庁長官は、住宅宿泊仲介業者に登録取消し又は業務停止命令の処分を下したときは、その旨を公告しなければなりません(法65条)。

9. 事業者への罰則規定

住宅宿泊事業は、旅館業法に規定される営業者以外の者に、行政への届出等を条件として、届出住宅における宿泊サービスの提供を、年間180日を超えない範囲で例外的に認める制度です。そのため、届出を行わずに宿泊サービスを提供した者や年間180日を超えて宿泊サービスを提供した住宅宿泊事業者は、原則どおり、旅館業法に違反する無許可の営業を営む者として、6月以下の懲役若しくは100万円以下の罰金に処され、又はこれらを併科されます(旅館業法10条1号)。

住宅宿泊事業法は、同法に規定される住宅宿泊事業者、住宅宿泊管理業者及び住宅宿泊仲介業者等に対し、図表4-23に掲げる罰則規定を設けています。

また、法人の代表者又は法人若しくは人の代理人、使用人その他の従業者が、その法人又は人の業務に関し、法72条から法76条までの違反行為をしたときは、行為者を罰するほか、その法人又は人に対して、各本条の罰金刑が科せられます(法78条)。

なお、住宅宿泊事業法は、無登録で住宅宿泊仲介業を営んだ者に対する罰則規定を設けていません。これは、住宅宿泊仲介業務は旅行業に該当するため[72]、無登録で住宅宿泊仲介業を営んだ者には、旅行業法に基づく罰則が科されるためです[73]。また、住宅宿泊事業者が旅行業又は住宅宿泊仲介業のいずれにも登録していない者に仲介業務を委託した場合には、当該住宅宿泊事業者は6月以下の懲役若しくは50万円以下の罰金又はこれらの併科に処されます(法75条)。

なお、住宅宿泊仲介業者が、違法行為のあっせん等の禁止義務(法58条)に反して、無届出住宅や年間提供日数が180日を超える届出住宅における宿泊サービスをあっせんしても、当該義務違反に対する罰則規定はありませ

---

[72] 第Ⅲ章3(5)を参照。
[73] 無登録で旅行業を営んだ者には100万円以下の罰金が科せられる(旅行業法29条1号)。

図表4―23：住宅宿泊事業法における罰則規定

条　文	対　象　者	罰　則
法72条	・無登録で住宅宿泊管理業を営んだ者 ・不正な手段により住宅宿泊管理業又は住宅宿泊仲介業の登録した者 ・名義貸しにより他人に住宅宿泊管理業又は住宅宿泊仲介業を営ませた者	1年以下の懲役若しくは100万円以下の罰金又はこれらの併科
法73条	・住宅宿泊事業を営む際に虚偽の届出をした者 ・業務停止命令に違反した住宅宿泊事業者	6月以下の懲役若しくは100万円以下の罰金又はこれらの併科
法74条	・業務停止命令に違反した住宅宿泊管理業者 ・業務停止命令に違反した住宅宿泊仲介業者	6月以下の懲役若しくは50万円以下の罰金又はこれらの併科
法75条	・法11条1項に違反して、住宅宿泊管理業者に住宅宿泊管理業務を委託しなかった住宅宿泊事業者 ・法12条に違反して、旅行業者又は住宅宿泊仲介業者以外の者に仲介を委託した住宅宿泊事業者	50万円以下の罰金
法76条	・住宅宿泊事業者のうち、各種変更の届出、宿泊者名簿の備置等、標識の掲示、都道府県知事等への報告、業務改善命令、報告徴求及び立入検査の規定に違反した者 ・住宅宿泊管理業者のうち、各種変更の届出、宿泊者名簿の備置等、証明書の携帯、標識の掲示、業務改善命令、報告徴求及び立入検査、誇大広告等の禁止、不当な勧誘等の禁止、帳簿の備付等の規定に違反した者 ・住宅宿泊仲介業者のうち、各種変更の届出、標識の掲示、住宅宿泊仲介業約款の変更命令、業務改善命令、報告徴求及び立入検査、不当な勧誘等の禁止、住宅宿泊仲介業約款の公示、料金の公示、公示した料金を超えた料金収受の禁止の規定に違反した者	30万円以下の罰金
法77条	宿泊者名簿の記載事項について虚偽の事項を告げた宿泊者	拘留又は科料
法79条	廃業等の届出をせず、又は虚偽の届出をした住宅宿泊事業者、住宅宿泊管理業者又は住宅宿泊仲介業者	20万円以下の過料

出所：日本橋くるみ行政書士事務所作成

ん。これは、住宅宿泊仲介業者の多くが外国法人であり罰則の実効性が期待できないと予想されたためと考えられます。罰則規定はないものの、観光庁長官は、違法行為のあっせん等の禁止義務に違反した住宅宿泊仲介業者に対して、登録の取消し又は業務停止命令若しくは請求をすることができます（法62条1項3号、法63条1項2号）。

10. 住宅宿泊事業法の限界

　住宅宿泊事業には、年間180日の日数制限があるため、民泊を専業の宿泊ビジネスとして営むには限界があり、セカンドライフ・副業としてのホームステイ型での運営や地方部での空き家対策を兼ねた貸別荘事業への活用、賃貸住宅の空室対策としての家具家電付き賃貸・マンスリー賃貸と併用運営等が主流になると予想されます。

　住宅宿泊事業法の施行後も、民泊を本格的な事業として展開するためには、旅館業法又は特区民泊による民泊の合法化が不可欠です。続く第Ⅴ章では、最も合法化のハードルが厳しい旅館業法を中心に、民泊合法化の実務論点を解説します。

> [コラム] 自治体別・民泊許可要件等の研究④

「新宿区」
……有識者会議と住民との対話を重ね、独自の「新宿区ルール」を制定

　新宿区は、世界一の乗降客数を誇る新宿駅を中心に、都庁を始めとする高層ビル群、広大な自然に恵まれた新宿御苑、国内有数の繁華街である歌舞伎町などの観光スポットが数多く存在し、外国人旅行客に人気の観光エリアになっています。

　豊富な観光資源を有する新宿区では、旺盛な宿泊ニーズを狙った無許可の違法民泊の増加が大きな社会問題となっていました。都市部における民泊の課題に対処するため、区は、2016年10月に区長が会長を務め、学識経験者、町会、商店会、マンション管理組合、不動産管理会社及び警察・消防の関係者と区幹部職員を含む計28名から構成される「新宿区民泊問題対策検討会議」を発足させ、都市型民泊に関して新宿区にふさわしい適正なルールづくりの検討を進めてきました。

　全6回にわたる検討会議での議論や、区民等に対するパブリックコメント等の実施結果を踏まえ、新宿区議会は2017年12月11日に「新宿区住宅宿泊事業の適正な運営の確保に関する条例」を可決しました。同条例は、住宅宿泊事業に起因する事象による生活環境の悪化を防止することを目的として、次のような新宿区独自のルールを定めています。

（1）周辺地域の住民に対する説明等（7条）
　　…届出の7日前までに、周辺地域の住民に対する書面での説明等を義務付ける。
（2）住宅宿泊事業の実施の制限（11条）
　　…住居専用地域における月曜日正午〜金曜日正午の住宅宿泊事業の実施を禁止する。
（3）届出住宅の公表（12条）
　　…届出住宅の所在地、事業者の連絡先、7条の住民説明が完了した日等を公表する。

　住宅宿泊事業の実施を制限する条例の制定は、2017年12月8日に条例を制定した大田区に続き、新宿区が全国で2例目です。両区の条例を比較すると、住居専用地域における住宅宿泊事業の実施を特段の理由なく全面禁止した大田区条例に対して、通学・通勤といった生活環境の悪化リスクは低いものの、宿泊ニーズは高い金・土・日の週末営業を認めた新宿区条例は、合理的な制限を課したものと評価できるでしょう。複数回にわたる有識者会議での議論や住民との対話を積み重ねて制定された「新宿区ルール」に基づく適切な民泊の実施により、同区における民泊問題が解決されることが期待されます。

第Ⅴ章　民泊合法化の実務

　第Ⅱ章から第Ⅳ章にかけて、我が国における宿泊業を規制する旅館業法、国家戦略特別区域法に基づく外国人滞在施設経営事業（特区民泊）及び住宅宿泊事業法の制度枠組みを解説しました。本章では、最も許可取得の難易度が高い旅館業法を中心に、具体的な民泊合法化の実務を解説した後に、許認可手続等に関して行政機関が守るべきルールを定めた行政手続法の概要を解説します。

1．旅館業法、建築基準法、消防法の相互関係

　住宅において適法に宿泊業を営むためには、民泊合法化のための3制度（旅館業、特区民泊及び住宅宿泊事業）における、旅館業法、建築基準法及び消防法の相互関係の理解が重要となります（図表5－1）。

図表5－1：旅館業、建築基準法、消防法の相互関係

規制	不動産賃貸業（滞在1ヶ月以上）	宿泊業（滞在1ヶ月未満）		
		住宅宿泊事業（年180日）	特区民泊（3日以上）	旅館業[*1]（制限なし）
旅館業法	適用なし	適用除外	適用除外	適用あり
建築基準法	住宅[*2]	住宅扱い[*2]	住宅扱い[*2]	ホテル等
消防法	一般住宅／防火対象物（5項ロ）	防火対象物（5項イ）[*3]		

（*1）旅館・ホテル営業及び簡易宿所営業の場合（下宿営業は除く）
（*2）建物の用途に応じ、住宅、長屋、共同住宅、寄宿舎のいずれかとなる
（*3）一般住宅の一部において一定規模以下の宿泊業が営まれる場合や、家主同居型の住宅宿泊事業で宿泊室の床面積の合計が50㎡以下のなる場合は一般住宅扱いとなる

出所：日本橋くるみ行政書士事務所作成

<u>旅館業法</u>
　住宅を1ヶ月以上の期間にわたり賃貸する不動産賃貸業を営む場合、旅館業法は適用されません。
　他方、住宅を1ヶ月未満の期間にわたり宿泊施設として提供する旅館業を営む場合、原則として、旅館業法が適用されますが、住宅宿泊事業の届出をした者（住宅宿泊事業者）又は特区民泊の特定認定を受けた者（認定事業者）に対しては、年間180日又は条例で定める（2泊）3日以上最低滞在期

間の宿泊制限が課される代わりに、旅館業法の適用が特別に除外されます。
<u>建築基準法</u>

　建築基準法上の建物の用途は、建築基準が比較的緩やかな「一般建築物」と、厳しい建築基準が課される「特殊建築物」に大別されます。

　不動産賃貸業を営む場合、建物の用途はその形態に応じ、一般建築物である「住宅」若しくは「長屋」又は特殊建築物である「共同住宅」若しくは「寄宿舎」のいずれかに分類されます（図表５―２）。

図表５―２：建築基準法及び消防法の用途の関係

建築基準法上の用途		消防法上の用途		具体例	規制の厳しさ
一般建築物	住宅	一般住宅		戸建住宅	緩やか
	長屋			テラスハウス	↓
特殊建築物	共同住宅	別表防火対象物	５項ロ	アパート、マンション	
	寄宿舎			シェアハウス	
	ホテル等		５項イ	ホテル、旅館、簡易宿所	厳しい

出所：日本橋くるみ行政書士事務所作成

　旅館業を営む場合、建物の用途は、その営業種別に応じ特殊建築物のホテル、旅館又は簡易宿所（以下、ホテル等）に分類され、住宅よりも厳格な建築基準が課されます。他方、住宅宿泊事業の届出住宅又は特区民泊の認定施設の建築基準法上の用途は、住宅扱い（住宅、長屋、共同住宅又は寄宿舎のいずれか）となります。

　宿泊制限のない旅館業を営むには、旅館業法の遵守に加え、建築基準法上も営業施設をホテル等の厳しい建築基準に適合させなければなりません。

<u>消防法</u>

　消防法上の用途は、消防法令の規定がほとんど適用されない「一般住宅」と、厳しい消防基準が適用される「別表防火対象物」に大別されます。

　不動産賃貸業を営む場合、施設の消防法上の用途は、建築基準法上の用途に応じ、一般住宅又は消防法施行令・別表第一５項ロに掲げる防火対象物である「寄宿舎、下宿又は共同住宅」に分類されます（図表２）。

　旅館業、特区民泊、住宅宿泊事業といった宿泊業を営む場合、消防法の用途は、原則として、消防法施行令・別表第一５項イに掲げる防火対象物である「旅館、ホテル、宿泊所その他これらに類するもの」となります。特区民泊の認定施設及び住宅宿泊事業の届出住宅の建築基準法上の用途は住宅扱い

ですが、消防法上は、原則として、旅館業と同様の厳しい消防基準が課されます。

これら旅館業法、建築基準法及び消防法の3つの規制の観点から、本章では、旅館業法に基づく営業許可申請の流れを示したのち、戸建住宅において簡易宿所営業の許可を取得する場合と、共同住宅において特区民泊の特定認定又は旅館・ホテル営業の許可を取得する場合のそれぞれについて、主な実務上の論点を解説します。

2．旅館業法に基づくの営業許可申請の流れ

旅館業法に基づく営業許可の申請は、主に(1)保健所、建築指導課、消防署といった行政の各担当部署への事前相談、(2)旅館業施設の建築計画の公開や関係住民等への説明会の開催（要綱等で定めがある場合のみ実施）、(3)学校等への意見照会、(4)建築確認申請（100㎡を超える用途変更又は新築の場合）、(5)消防法令適合通知書の交付申請、そして(6)旅館業の営業許可申請といった流れで実施します（図表5－3）。

(1) **各機関（保健所、建築指導課、消防署）との事前相談**

まず、旅館業の営業許可申請の計画を、保健所、建築指導課、消防署といった行政の各担当機関に提示し、それぞれ旅館業法、建築基準法、消防法の観点から許可を妨げる重要な論点がないかを事前に相談・確認します。事前相談・確認により、許可取得に必要となる諸要件を明らかにして、実際の申請プロセスに進みます。

(2) **旅館業施設の建築計画の公開、住民説明等（要綱等の定めがある場合のみ実施）**

自治体によっては、旅館業施設の建築に関する要綱[74]を定めている場合があり、かかる自治体で旅館業施設の建築（用途変更を含む）を行う場合には、各自治体の要綱に基づき、敷地における標識設置等による旅館業施設の建築計画の公開や、関係住民等への説明会の開催等の手続を実施することが要請されます。要請される手続は、各自治体の定める要綱により異なるため、建築物の所在する自治体の要綱の有無と内容は、必ず確認するようにしましょう（図表5－4）。

---

[74] 要綱は行政内部の指針（処理基準）であり、その遵守はあくまで任意の努力義務に過ぎないが、旅館業の営業にあたっての近隣等との関係構築・維持の観点からは、実務上は要綱に定められた手続を可能な限り実施することが望ましいと考えられる。

図表5—3:旅館業の許可手続フロー図

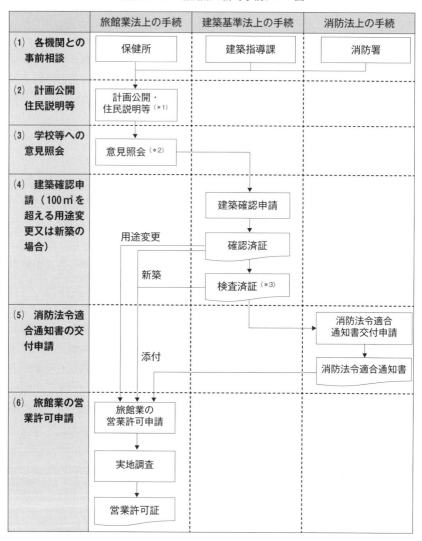

（＊1）計画公開、住民説明は自治体の要綱等により手続が要求される場合にのみ実施する
（＊2）意見照会は保健所が実施する
（＊3）検査済証は新築の場合にのみ交付される

出所：日本橋くるみ行政書士事務所作成

図表5―4:要綱を定めている自治体とその手続の具体例

自治体	要綱の名称	要綱に定められている手続の例
京都市	京都市旅館業施設建築等指導要綱	・計画公開……計画の概要を示す標識の設置（5条） ・計画承認……確認申請書の提出前の市長の承認（6条）
札幌市	札幌市旅館等建築指導要綱	・計画公開……計画の概要を示す標識の設置（5条） ・事前協議……保健所長への事前協議書の提出（6条）
東京都文京区	文京区旅館業の営業許可等に関する指導要綱	・計画の公開……計画の概要を示す標識の設置（7条） ・説明会開催……関係住民、町会等に対する説明会の開催（8条） ・協定書届出……説明会後、町会等との間で作成した協定書の区長への届出（11条）

出所:日本橋くるみ行政書士事務所作成

(3) 学校等への意見照会

　旅館業の許可申請施設の設置場所から概ね100mの区域内にある下記の教育施設等について、保健所は、当該施設を所管・監督する関係機関に対し、旅館の設置によって、清純な施設環境が著しく害されるおそれの有無ついて意見照会を行わなければなりません（旅館業法3条4項）。

一　学校教育法1条に規定する学校（大学を除く）
二　児童福祉法7条1項に規定する児童福祉施設
三　社会教育法第2条に規定する社会教育に関する施設その他の施設で、前2号に掲げる施設に類するものとして都道府県の条例で定めるもの[75]

　意見照会には通常1ヶ月程度の期間を要するため、申請の初期段階で保健所に意見照会の実施を要請します。
　都道府県知事等は、意見照会対象の施設を所管・監督する関係機関から寄せられた意見等に基づき、旅館業の許可申請施設の設置によって周辺の教育施設等の清純な施設環境が著しく害されるおそれがあると認めるときは、申請者に営業許可を与えないことができます（旅館業法3条4項）[76]。

[75] 例えば、東京都では、東京都旅館業法施行条例2条1項において次の施設が定められている。
　一　学校教育法134条1項に規定する各種学校で、その教育課程が同法1条に規定する学校（大学を除く）の教育課程に相当するもの。
　二　図書館法2条1項に規定する図書館
　三　前2号に掲げる施設のほか、博物館、公民館、公園、スポーツ施設その他これらに類する施設のうち、主として児童の利用に供されるもの又は多数の児童の利用に供されるもので、特に知事が必要と認めて指定するもの。
[76] このように意見照会の結果自体は営業許可には直接影響を与えるものではなく、あくまで都道府県知事等が清純な施設環境が著しく害されるおそれがあると認めるか否かの判断材料と位置付けられる。また、実務上は、通常の意見照会の結果を理由として不許可となるケースはほとんどない。

⑷ **建築確認申請（100㎡を超える用途変更又は新築の場合）**

　既存の建築物の100㎡を超える部分をホテル等に用途変更する場合又はホテル等を新築する場合には、建築確認申請の手続が必要となります。許可申請者（建築主）は、図表5－5に示す建築確認申請の手続を行う必要があります。

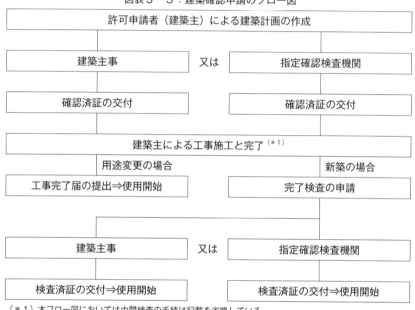

図表5－5：建築確認申請のフロー図

（＊1）本フロー図においては中間検査の手続は記載を省略している

　建築確認申請の手続開始にあたっては、まず、建築主が建築計画を作成し、当該計画を建築主事[77]又は指定確認検査機関[78]のいずれかに対して、確認申請（建築計画が建築基準法令に適合しているかどうかの着工前の確認の申請）を行います。

　建築主事又は指定確認検査機関は、法令適合を確認すると、建築計画が法令に適合していることを証する「確認済証」を交付します。

　確認済証の交付後、建築主は建築計画に基づき工事を施工します。

---

[77] 建築基準法4条の規定に基づき建築計画の確認や建築工事完了の検査を行う地方公共団体の公務員をいう。
[78] 建築基準法77条の18から77条の21までの規定に基づき建築確認や検査を行う機関として国土交通大臣や都道府県知事から指定された民間の機関をいう。

用途変更の場合は、建築計画に基づく工事が完了した旨を記載した「工事完了届」を建築主事に提出します（用途変更の場合は検査不要）。工事完了届の提出をもって、当該建築物は使用開始が可能な状態となります[79]。

新築の場合には、工事完了後に確認済証を交付した建築主事又は指定確認検査機関に対して、完了検査申請（実際に建った建築物が建築計画に基づき建築されているかどうかの完了時の検査の申請）を行います。建築主事又は指定確認検査機関は、建築物が建築計画に基づき建築されたこと確認すると、建築物が建築確認を受けた建築計画に基づき建築されたことを証する「検査済証」を交付します。検査済証の交付をもって、当該建築物は、使用開始が可能な状態となります。

(5) **消防法令適合通知書の交付申請**

許可申請者は、旅館業法に基づく営業許可の取得にあたり、申請施設が消防法令に適合することの証明を受けるため、当該施設が所在する地域を管轄する消防機関の消防長又は消防署長に対し、消防法令適合通知書の交付を申請しなければなりません[80]。

通知書の交付申請が受けた場合、消防署等の消防機関は立入検査等の実施により、施設の消防法令の適合状況について調査をします。調査結果に基づき、施設が消防法令に適合していると認められた場合には、消防長又は消防署長は「消防法令適合通知書」を申請者に交付します。また、消防法令に適合していると認められない場合には、消防長又は消防署長は、通知書を交付できない旨及びその理由を申請者に回答します。

(6) **旅館業の営業許可申請**

申請者は、施設の建築基準法令への適合を示す確認済証（100㎡を超える用途変更の場合）又は検査済証（新築の場合）と、消防法令への適合を示す消防法令適合通知書を入手後、旅館業の営業許可申請書を保健所に提出します[81]。申請時に提出が必要とされる書類等の例は次のとおりです。

― 旅館業の営業許可申請時に提出する書類等―京都市の例 ―
ア　申請手数料　26,400円（現金）
イ　提出書類（2部）

---

[79] ホテル等の建築の場合には、実際の使用開始には旅館業法に基づく営業許可が必要となる。
[80] 消防法令適合通知書の手続は、平成26年3月7日　消防予第60号「防火対象物に係る表示制度の実施に伴う「旅館ホテル防火安全対策　連絡協議会における了解事項」の運用について」に定められている。
[81] 実務上は旅館業の営業許可申請書を保健所に事前提出し、確認済証、検査済証、消防法令適合通知書が入手でき次第追加提出する方法が取られることが多い。

(ア) 申請書
(イ) 構造設備の概要
(ウ) 付近見取図（営業施設の敷地の周囲おおむね200メートル区域内）
(エ) 各階平面図
(オ) 入浴設備に循環ろ過装置がある場合は循環ろ過の概略図面（集毛器、消毒装置の位置を明示すること。）
(カ) 使用する水が井戸水その他である場合等は水質検査結果の写し
(キ) 定款又は寄付行為の写し及び法人の登記事項証明書（申請者が法人の場合に限る。）
(ク) 建築物の検査済証の写し（新築、増築等による新規の営業許可申請に限る。）
(ケ) 消防法令適合通知書
(コ) 玄関帳場の展開図
(サ) 申立書
・申請施設が賃貸借契約書や管理規約等により旅館業営業に使用することが認められているか確認します。
・施設の建物・土地の使用権原により、登記事項証明書、賃貸借契約書、管理規約等、必要な書類が異なります。
(シ) 指導事項実施計画書
・連絡先の周知、迷惑行為の防止等の計画について記載するものです。
(ス) 施設の明示の設置場所を示した配置図及びその意匠形態図
(セ) 面接等を実施する場所の図面
(ソ) 公開結果報告書

出所：京都市・旅館業法に基づく許可申請の手続等について（平成29年4月）より抜粋

建築及び消防関係の工事完了後、保健所は実地調査を行い、施設が旅館業法令に適合することを確認して旅館業の営業許可証を交付します。申請者は、営業許可証の交付をもって旅館業法における「営業者」となり、旅館業の営業を開始できます。

3．戸建住宅における簡易宿所営業許可の取得

戸建住宅で簡易宿所営業の許可を取る場合の主な実務上の論点は、図表5—6のとおりです。

第Ⅴ章　民泊合法化の実務

図表5－6：戸建住宅で簡易宿所営業（旅館業）の許可を受ける際の主なハードル

各規制における主なハードル		戸建住宅	旅館業（簡易宿所営業）	
			2階以下かつ200㎡未満	3階以上又は200㎡以上
旅館業法		適用なし	適用あり	
	①客室面積	―	床面積：定員1人当たり3.3㎡以上 有効面積：自治体の条例等による	
	②窓面積	―	自治体の条例等による	
	③玄関帳場	―	自治体の条例等による	
	④便器等個数	―	自治体の条例等による	
建築基準法		一般建築物	特殊建築物「ホテル等」	
	①用途地域等	ほぼ制限なし（＊1）	住居専用地域、文教地区は不可	
	②用途変更の確認申請	―	用途変更部分　100㎡超：必要 100㎡以下：不要	
	③耐火建築物等要求	原則なし（＊2）	なし	必要（＊3）
	④窓先空地	―	1.5m～2.0m 確保必要（東京都の場合）	
	⑤界壁・間仕切壁	―	準耐火構造とし、屋根裏又は天井裏に達する（＊4）	
	⑥非常用照明装置	―	必要（＊5）	
	⑦屋内階段の寸法	幅75cm以上 蹴上23cm以下 踏面15cm以上	幅75cm（120cm）以上 蹴上22cm（20cm）以下 踏面21cm（24cm）以上（＊6）	
	⑧内装制限	最上階の火気使用室は適用免除	最上階の火気使用室も適用あり	居室等の内装仕上げを難燃材料以上
	⑨廊下の幅	制限なし	不要	1.6（1.2）m 以上（＊7）
消防法		一般住宅	防火対象物・5項イ	
	①自動火災報知設備	不要	必要（特定小規模施設用自火報で可）	必要（＊8）
	②誘導灯	不要	原則必要（＊9）	
	③消火器	不要	150㎡以上で必要	

（＊1）工業専用地域及び市街化調整区域では建築不可
（＊2）防火地域における3階建以上の戸建住宅等は耐火建築物とする必要あり
（＊3）3階建以上の場合又は2階部分の床面積の合計が300㎡以上の場合に必要
（＊4）小規模でスプリンクラー設備又は自動火災報知設備等を設置した場合は緩和
（＊5）避難階又は避難階の直上階／直下階の居室で一定のものは設置不要
（＊6）括弧内は直上階の居室の床面積の合計が200㎡超の地上階等の場合

(＊7) 居室の床面積の合計が200㎡を超える階において、両面に居室がある廊下の場合は1.6m以上、その他の廊下の場合は1.2m以上とする
(＊8) 延べ面積300㎡未満であれば特定小規模施設用自動火災報知設備の設置が可能（特定一階段等防火対象物を除く）
(＊9) 居室面積100㎡以下等、一定の場合には設置免除の規定あり

出所：日本橋くるみ行政書士事務所作成

(1) 旅館業法

戸建住宅における旅館業の許可申請では、最低客室数の要件がない簡易宿所営業が一般的に選択されてきました[82]。2016年4月の旅館業法施行令改正により、それ以前に要求されていた最低客室面積33㎡の基準が緩和され、小規模な戸建住宅でも簡易宿所営業の許可を取得し易くなりました。しかし、多くの自治体では、条例や規則で要求される玄関帳場の設置義務や便所個数の規定が許可取得のハードルとなります。

① 客室面積

客室とは、睡眠、休憩等、宿泊者が利用し得る場所をいい、その床面積は、壁、柱等の内側で測定する方法（いわゆる内法）によって測定します。旅館業における客室面積の基準には、構造部分の合計床面積（以下、床面積）についての基準と、客室の有効面積（以下、有効面積）についての基準があります（図表5－7）。簡易宿所営業では、最低合計床面積は定員1人当たり3.3㎡[83]、最低有効面積は自治体により1人当たり1.5～1.7㎡程度の水準に定められています[84]。

② 窓面積

2017年12月の改正前の旅館業における衛生等管理要領[85]には「客室は、窓等により自然光線が十分に採光できる構造であり、窓その他の開口部で採光に有効な部分の面積は、おおむね面積の8分の1以上を有すること（5分の1以上が望ましいこと。）」とする旨が規定されていたため、2018年1月末現在、各自治体では、合計床面積又は有効面積の一定以上の窓等の面積を確保することを条例により定めています[86]。

---

[82] 平成29年12月に公布された新旅館業法の施行後は、戸建住宅における旅館業の許可申請は、最低客室数の要件が撤廃された「旅館・ホテル営業」の選択が一般的となる可能性がある。
[83] 旅館業法施行令1条3項1号により、全国一律で3.3㎡と定められている。
[84] 有効面積は自治体により規定が異なる。簡易宿所営業の場合、例えば、東京23区では1人当たり1.5㎡、福岡市では1人あたり1.65㎡と定められている。
[85] 平成28年3月30日生食発0330第5号「旅館業における衛生等管理要領」Ⅱ施設設備「第1　ホテル営業及び旅館営業の施設設備の基準」（採光・照明設備）33(1)及び「第2　簡易宿所営業の施設設備の基準」10を参照。
[86] 窓等の必要面積は、例えば、京都府では合計面積の8分の1以上（同府旅館業法施行条例3条1項2号）、東京都新宿区では有効面積の10分の1以上（新宿区旅館業法施行条例施行規則16条）とされている。

図表5—7：旅館業における床面積と有効面積の測定方法

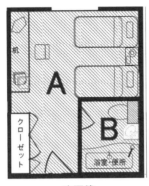

床面積

・壁芯ではなく内法で測定
・クローゼット、床の間等、通常立ち入らない部分を除く

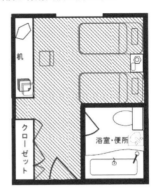

有効面積

・壁芯ではなく内法で測定
・宿泊者の睡眠、休憩等の用に供する部分のみが該当

出所：葛飾区保健所・旅館営業のてびきを基に日本橋くるみ行政書士事務所作成

　衛生等管理要領における窓等の面積の数値基準は、2017年12月の改正により削除されたため、今後は各自治体が条例を見直し、窓等の面積要件が修正される可能性があります。なお、建築基準法令ではホテル等には居室に窓等（採光に有効な開口部）を設ける必要はありませんが、改正後の衛生等管理要領においても「客室は、窓等により自然光線が十分に採光できる構造とすること」が求められているため、各自治体では、窓等の設置を規定する条例は何らかの形で残り、例えば、1つの居室を分割して複数の客室を作る場合には、各客室における窓等の設置は、依然として必要になると考えられます（図表5—8）。

図表5—8：1居室を分割して2客室を作る場合の窓等の確保

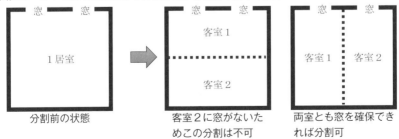

出所：日本橋くるみ行政書士事務所作成

③ 玄関帳場

　条例により簡易宿所営業の施設に玄関帳場の設置義務を定めている自治体では、戸建住宅において、宿泊者その他の施設の利用者の出入りを容易に確認することができる位置に玄関帳場（フロント）を設置しなければなりません。なお、合計床面積33㎡未満の小規模簡易宿所において玄関帳場の設置等を不要とするよう各自治体に要請した厚生労働省通知[87]を受け、一定条件を満たした小規模施設では、条例の定めにかかわらず玄関帳場の設置義務を免除する自治体も存在します[88]。

　また、2017年12月に厚生労働省が発出した通知[89]により、条例により簡易宿所営業における玄関帳場等の設置を義務づけている自治体に対して、複数の簡易宿所において共同で玄関帳場等を設置する場合の取扱いとして、次の2パターンを認めるよう要請が行われました。

(1) 一の営業者が複数の簡易宿所を運営するときに、一の玄関帳場等を設置して、それら複数の簡易宿所の玄関帳場等として機能させること。
(2) 複数の簡易宿所の営業者が、共同して一の玄関帳場等を設置して、それら複数の簡易宿所の玄関帳場等として機能させることは、緊急時に適切に対応できる体制が整備されていれば差し支えないこと。

　(2)は異なる営業者が運営する複数の簡易宿所について、共同での玄関帳場の設置を認める緩和措置であり、「緊急時に適切に対応できる体制」とは、宿泊客の緊急を要する状況に対し、その求めに応じて、通常おおむね10分程度で職員等が駆けつけることができる体制を想定しているとされています。この緩和措置が条例等に規定された自治体では、例えば、施設にフロントを有する旅館・ホテルの営業者が、おおむね10分程度で駆けつけ可能な範囲に存する複数の簡易宿所の営業者から委託を受けて、当該旅館・ホテルのフロントを複数の簡易宿所の玄関帳場として機能させることが可能となります。

④ 便器等個数

---

[87] 平成28年３月30日生食発0330第５号「旅館業法施行令の一部を改正する政令の施行等について」及び平成28年７月26日生食衛発0726第１号「簡易宿所営業の許可取得促進について」
[88] 小規模簡易宿所における玄関帳場の設置義務免除を規定した自治体の例として、大阪市、名古屋市、福岡市が挙げられる。ただし、これら自治体では玄関帳場の設置義務を免除する条件として、宿泊施設に近接した場所に宿泊者との面談及び宿泊者名簿への記載を行う事務室の設置、宿泊施設の出入口へのビデオカメラの設置、苦情窓口の設置等、実務負荷の重い措置を講ずることを要求しているため、依然として許可取得のハードルは高い。
[89] 平成29年12月15日生食発1215第３号「簡易宿所営業における玄関帳場等の設置について」

簡易宿所営業では、各自治体の条例・規則により、宿泊定員数又は床面積に応じた共用便所の便器や共用洗面所の給水栓等の必要個数が定められています（図表5−9）。許可申請の実務上は、特に共用便所の便器個数が問題となることが多く、例えば、東京23区の一部の自治体は、宿泊定員数にかかわらず、原則として、各階に男女別の便所を設置することを求めており、このため、小規模な2階建の戸建住宅で簡易宿所営業の許可を得る場合でも、合計4個の便器設置が必要となります。なお、国からの規制緩和の要請を受け、合計床面積33㎡未満の小規模簡易宿所においては必要便器個数を緩和する自治体も存在します。

（参考）住宅宿泊事業及び特区民泊の場合

住宅宿泊事業又は特区民泊により民泊を合法化する場合には、旅館業法の構造設備基準は適用されないため、玄関帳場や複数便所の設置は不要です。

図表5−9：簡易宿所営業における構造設備基準の例

自治体	定員／床面積	共用便所の便器個数	共用洗面所の給水栓数
東京都新宿区（新宿区旅館業法施行条例施行規則17条、18条）	定員2〜5名	2個	1個
	定員6〜10名	3個	2個
	定員11〜15名	4個	3個
	定員16〜20名	5個	4個
	定員21〜25名	6個	5個
	定員26〜30名	7個	6個
	定員31名〜	以降、定員10名増加ごとに1個増設	
札幌市（札幌市旅館業法施行条例4条、2条6項）	定員2〜20名	3個	明確な規定なし
	定員21名〜	以降、定員20名増加ごとに3個増設	
横浜市（横浜市旅館業法施行条例8条、別表第4）	床面積20㎡以下	1個	1個
	床面積20㎡超40㎡以下	2個	2個
	床面積40㎡超60㎡以下	3個	3個
	床面積60㎡超80㎡以下	4個	4個
	床面積80㎡超100㎡以下	5個	5個
	床面積100㎡超	以降、40㎡増加ごとに1個増設	

（注）2017年9月末時点における各自治体の条例等に基づく

出所：日本橋くるみ行政書士事務所作成

代わりに、住宅宿泊事業法令又は国家戦略特別区域法令に基づく構造設備要件への適合を確認します（例：台所、浴室の設置等）。

【旅館業法のまとめ】戸建住宅の簡易宿所化のポイント
・客室の床面積及び有効面積に応じた宿泊定員を設定する。
・客室の設置にあたっては、各客室に窓と必要な窓面積を確保する。
・条例等で必要とされる場合は、施設に玄関帳場を設置するか、施設外における共同の玄関帳場を利用する。
・宿泊定員又は床面積に応じた便所、洗面所等を設置する。

---

(2) 建築基準法

戸建住宅において旅館業法の許可を得る場合、2階建て以下かつ延べ床面積200㎡未満の規模であれば、様々な規定が緩和されており、建築基準への適合は比較的容易となります。他方、戸建住宅の規模が3階建て以上又は延べ床面積200㎡以上の場合には、ホテル等としての厳しい建築基準への適合が要求されます。

① 用途地域等（都市計画法）

建築基準法上の用途が住宅（住宅、長屋、共同住宅、寄宿舎）の建築物に比べ、用途がホテル等の建築物は、都市計画法による厳しい用途規制の対象となり、建築又は用途変更可能な地域が制限されます（図表5－10）。

図表5－10：都市計画法による用途規制

建築基準法上の用途 ＼ 用途地域	第一種低層住居専用地域	第二種低層住居専用地域	第一種中高層住居専用地域	第二種中高層住居専用地域	第一種住居地域	第二種住居地域	準住居地域	近隣商業地域	商業地域	準工業地域	工業地域	工業専用地域
ホテル、旅館、簡易宿所				▲	〇	〇	〇	〇	〇	〇		
下宿	〇	〇	〇	〇	〇	〇	〇	〇	〇	〇	〇	
住宅、長屋、共同住宅、寄宿舎	〇	〇	〇	〇	〇	〇	〇	〇	〇	〇	〇	

〇：建築が可能な用途地域　▲：3000㎡以下のものに限る

出所：日本橋くるみ行政書士事務所作成

ただし、市町村が特別用途地区[90]を指定して条例を定めた場合には、上記

---
[90] 特別用途地区とは、用途地域内の一定の地区において、地区の特性にふさわしい土地利用の増

の用途地域にかかわらずホテル等の建築制限が緩和又は強化されます。

特別用途地区の指定による用途制限の緩和

　特別用途地区内では、地方公共団体は、国土交通大臣の承認を得て、条例で用途地域内での建築の制限を緩和することができます（建築基準法49条2項）。特別用途地区の指定による用途制限の緩和の例として、神奈川県足柄下郡箱根町が指定した「観光地区」が挙げられます。同町が指定した「第2種観光地区」では、別荘地等である第二種低層及び第一種中高層住居専用地域の一部において用途制限が緩和され、ホテル等の建築が可能です[91]。

特別用途地区の指定による用途規制の強化

　特別用途地区内では、建築物の制限又は禁止に関して必要な規定は、国土交通大臣の承認を得ることなく、地方公共団体の条例で定められます（建築基準法49条1項）。用途規制の強化の例として、東京都における「第一種文教地区」及び「第二種文教地区」が挙げられます。同地区内では、都市計画法上の用途地域にかかわらず、ホテル等の建築が禁止されます[92]。

② 用途変更の建築確認申請

　用途変更とは、ある建築物を他の用途に転用して、建築基準法別表第一(い)欄に掲げる用途の特殊建築物とする行為をいいます（図表5―11）。

図表5―11：建築基準法別表第一（い）欄に掲げる用途の特殊建築物

(一)	劇場、映画館、演芸場、観覧場、公会堂、集会場その他これらに類するもので政令で定めるもの
(二)	病院、診療所（患者の収容施設があるものに限る。）ホテル、旅館、下宿、共同住宅、寄宿舎その他これらに類するもので政令で定めるもの
(三)	学校、体育館その他これらに類するもので政令で定めるもの
(四)	百貨店、マーケット、展示場、キャバレー、カフェー、ナイトクラブ、バー、ダンスホール、遊技場その他これらに類するもので政令で定めるもの
(五)	倉庫その他これに類するもので政令で定めるもの
(六)	自動車車庫、自動車修理工場その他これらに類するもので政令で定めるもの

　戸建住宅における簡易宿所営業の許可取得は、一般建築物に該当する建築物を、建築基準法上の特殊建築物であるホテル等とする行為であり、建築基準法の用途変更に該当します。

進、環境の保護等の特別の目的の実現を図るため、用途地域の指定を補完して定める地区をいう（都市計画法第9条第13項）。
[91] 箱根都市計画特別用途地区建築条例5条1項
[92] 東京都文教地区建築条例3条及び別表1第2号、4条及び別表2第2号

用途変更部分が100㎡を超えた場合は、建築確認申請と呼ばれる、建物が建築基準法令に適合することを確かめるための手続が必要となります。（建築基準法6条1項1号）ただし、一定の類似用途間での用途変更（例：簡易宿所から旅館・ホテルへの変更）の場合は、確認申請は不要です（図表5―12）。

図表5―12：確認申請が不要となる類似用途（建築基準法施行令137条の18）

1	劇場、映画館、演芸場	
2	公会堂、集会場	
3	診療所（患者の収容施設があるものに限る。）、児童福祉施設等	（＊1）
4	ホテル、旅館	
5	下宿、寄宿舎	
6	博物館、美術館、図書館	（＊1）
7	体育館、ボーリング場、スケート場、水泳場、スキー場、ゴルフ練習場、バッティング練習場	（＊2）
8	百貨店、マーケット、その他の物品販売業を営む店舗	
9	キャバレー、カフェー、ナイトクラブ、バー	（＊3）
10	待合、料理店	
11	映画スタジオ、テレビスタジオ	

（＊1）第一種低層住居専用地域又は第二種低層住居専用地域内にある場合を除く
（＊2）第一種中高層住居専用地域、第二種中高層住居専用地域又は工業専用地域内にある場合を除く
（＊3）準住居地域又は近隣商業地域内にある場合を除く

<u>確認申請の留意点……確認済証と検査済証の有無</u>

用途変更の確認申請が必要となるケースでは、まずは対象建築物における確認済証及び検査済証の交付の有無をチェックします。

本章2(4)に記載のとおり、確認済証とは、建築物の新築工事等の着手前に、その建築計画が建築基準法令に適合することが建築主事又は指定確認検査機関により確認された場合に交付される書類です。確認建済証は、その建築物の計画内容を確認したものであり、実際に建築された建物が建築基準法令に適合することを担保するものではありません。

他方、検査済証とは、工事完了時の完了検査においてその工事が建築基準法に適合しているか否かを建築主事又は指定確認検査機関が検査し、合格した場合に交付される書類です。

確認済証及び検査済証の有無により、用途変更の確認申請の可否／難易度が異なります。

(a) 確認済証の交付を受けていない場合

既存建築物の適法性が確認できないため、用途変更はできません。このような建築物では、用途変更の確認申請を伴う旅館業の許可申請は不可能です。

(b) 確認済証の交付を受けているが、検査済証の交付を受けていない場合

既存建築物が建築確認に従い施工されていることを証明するため、検査済証に代わる建築基準法12条5項の報告が必要となります。当該報告のためには、建築確認当時の確認申請図書（紛失した場合は、復元したもの）に基づき既存建築物の現況を調査します。12条5項の報告により既存建築物の適法性が確認された場合のみ、用途変更の確認申請が可能となります。

(c) 確認済証と検査済証の両方の交付を受けている場合

用途変更の確認申請が可能です。なお、以前に確認済証・検査済証の交付を受けたものの、紛失してしまった場合には、管轄する行政から確認済証・検査済証の記載台帳証明書の交付を受けることで代替が可能です。

築年の古い戸建住宅では、完了検査を受けていない(b)のケースが多く、建築士に依頼する現況調査等費用が多額となることを理由に旅館業の許可取得を断念することが少なくありません。他方、築年の浅い戸建住宅では、完了検査を受けた(c)）ケースがほとんどです。特に、確認検査を厳格化する改正建築基準法が施行された平成19年以降の完了検査率[93]は、約9割と高い水準に至っています（図表5−13）。

図表5−13：建築主事・指定確認検査機関における検査済証交付件数・完了検査率の推移

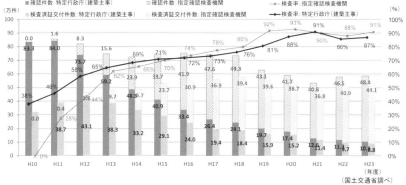

〈国土交通省調べ〉

---

[93] 確認済証の交付件数のうち、検査済証の交付件数が占める割合。

100㎡以下の用途変更と法令適合義務

　確認済証と検査済証の両方が交付された戸建住宅であっても、確認申請を行うには建築士への報酬等、最低でも数十万円規模のコストを要します。当該コストの発生を避けるため、実務上は用途変更部分の面積を、確認申請が不要となる100㎡以下とするケースが多くみられます（例：戸建住宅の一部のみを宿泊の用に供する、延べ面積100㎡以下の戸建住宅を選定する等）。

　なお、確認申請の要否に関係なく、建築主は、建築物を建築基準法令の要求に適合させる義務を負います。そのため、確認申請が不要な場合であっても、建築主は建築士等の専門家に相談のうえ、適法に計画・工事を行う必要があります[94]。

　また、2018年3月6日に閣議決定された建築基準法の一部を改正する法律案には、用途変更の確認申請を不要とする規模上限を200㎡に引き上げる規制緩和措置が盛り込まれています（次頁「建築基準法の改正案」を参照）。

③　耐火建築物等要求

　耐火建築物とは、主要構造部が耐火構造であるもの又は耐火性能検証法等により、火災が終了するまで耐えられることが確認されたもので、外壁の開口部で延焼のおそれのある部分に防火設備を有する建築物のことをいいます（建築基準法2条9号の2）。

　一般建築物に分類される戸建住宅の場合、当該住宅が防火地域又は準防火地域に所在する場合を除き、建物を耐火建築物とする必要はありません。他方、特殊建築物のうち「ホテル等」に該当する建物は、その所在にかかわらず、3階建以上のもの又は延べ面積が3,000㎡超のものは、耐火建築物としなければなりません（図表5-14）。

　図表5-14からも分かるとおり、3階建以上の戸建住宅で旅館業の許可を受けるには、建物を耐火建築物としなければなりません。しかし、もともと耐火建築物として作られていない建物を、事後的に耐火建築物とするのは技術的に困難です。そのため、既存の戸建住宅でホテル等に用途変更にできるのは、2階建以下の戸建住宅又は3階建以上の戸建住宅のうち、防火地域に所在する等の理由で、もともと耐火建築物として建築されたものに実質的に限られます。

---

[94] 京都市では、用途変更の確認申請を経ずに旅館業を開業した後に建築基準法違反が発覚した場合は、使用禁止、移転等の是正指導を行う旨を示している（http://www.city.kyoto.lg.jp/shobo/cmsfiles/contents/0000185/185126/03tokei.pdf）。

図表5—14：建築物の耐火上の要件

所在	階数	住宅（一般建築物）	共同住宅	ホテル等
防火地域	3階以上	耐火建築物		
	2階	100㎡超：耐火建築物 100㎡以下：準耐火建築物		
準防火地域	4階以上	耐火建築物		
	3階	その他の建築物（*1）	準耐火建築物（*2）	耐火建築物
上記以外	4階以上	その他の建築物	耐火建築物	耐火建築物
	3階		準耐火建築物（*2）	
	2階		その他の建築物 （*2）（*3）	その他の建築物 （*2）（*4）

（*1）延べ面積500㎡超の場合は準耐火建築物、1,500㎡超の場合は耐火建築物としなければならない。
（*2）延べ面積3,000㎡超の場合は耐火建築物としなければならない。
（*3）2階で共同住宅の用途に供する床面積の合計が300㎡以上の場合は準耐火建築物としなければならない。
（*4）2階で宿泊の用途に供する床面積の合計が300㎡以上の場合は準耐火建築物としなければならない。

出所：日本橋くるみ行政書士事務所作成

【建築基準法の改正案】

空き家の宿泊施設等としての利活用促進のための規制緩和

　2018年3月6日、建築基準法の一部を改正する法律案が閣議決定されました。この法律案には、空き家の宿泊施設等への用途変更等による利活用を促進するため、次の規制緩和を図る改正が盛り込まれています。

(a)　用途変更の確認申請を不要とする規模上限の引上げ
…用途変更に伴って確認申請が必要となる規模を、現行の100㎡から、200㎡に引き上げる（改正後・建築基準法6条1項1号）。

(b)　3階建の戸建住宅をホテル等とする場合の耐火建築物要求の緩和
…延べ面積が200㎡未満の戸建住宅をホテル等とする場合に、在館者が迅速に避難できる措置（政令で定める技術的基準に従った警報設備の設置）を講じることを前提に、耐火建築物等とすることを不要とする（改正後・建築基準法27条1項1号）。

　建築基準法の一部を改正する法律案が、上記の内容のまま成立し、公布・施行された場合、延べ面積200㎡未満の3階建の戸建住宅については、

耐火建築物とする必要なく、かつ確認申請の手続なしで、ホテル等に用途変更できるようになります。

竪穴区画

耐火建築物である３階建の戸建住宅をホテル等に用途変更する場合、建築基準法への適合のため、竪穴区画の設置が実務上のハードルとなるケースが多々あります。

竪穴区画とは、火災時の煙突効果による火煙の伝播を防止する目的で設けられる防火区画[95]の一つで、主要構造部を耐火構造又は準耐火構造とした建築物等であって、地階又は３階以上の階に居室がある建築物に原則として設置が必要です（建築基準法施行令112条9項）。ただし、３階建以下で延べ面積が200㎡以下の戸建住宅や長屋では、その設置が免除されます（同条同項2号）。

耐火建築物である３階建かつ200㎡以下の戸建住宅をホテル等に用途変更すると、戸建住宅等に認められる竪穴区画の免除規定が適用できなくなるため、例えば、階段に面したドアを防火戸にする等、竪穴区画を設置するための工事が必要となります。

④ 窓先空地

東京都や横浜市等、建物が密集する一部の自治体では、火災時の避難を容易にするため、一定の建築物の敷地のうち、１階の住戸の窓に直面する敷地部分において、「窓先空地」と呼ばれる一定幅の空地を設けることを条例により義務付けています（図表５−15）。

当該窓が幅員1.5〜2.0mの空地（通路その他の避難上有効な空地又は特別避難階段若しくは地上に通ずる幅員90センチメートル以上の専用の屋外階段）に面していない場合には、東京都建築安全条例の要求を満たさないため、当該部屋を客室とすることはできません。

なお、東京都建築安全条例では、一定の要件を満たす寄宿舎及び下宿については、窓先空地の確保を免除する緩和措置を設けています[96]。簡易宿所には当該緩和措置の適用はありませんので、現に緩和措置を適用している寄宿舎又は下宿において簡易宿所の許可を受ける場合は、新たに窓先空地を確保できるかを検討する必要があります。

---

[95] 防火区画とは、主要構造部を耐火構造や準耐火構造とした建築物内を防火的に区画するものであり、目的に応じ(1)面積区画、(2)高層区画、(3)竪穴区画及び(4)異種用途区画の4種類がある。
[96] 東京都建築安全条例21条を参照。

図表5―15:東京都及び横浜市における窓先空地の規定

	東京都	横浜市
根拠条例	東京都建築安全条例19条、37条	横浜市建築基準条例20条の2
対象建築物	共同住宅、寄宿舎、下宿、簡易宿所	共同住宅[*1]
簡易宿所で必要となる窓先空地の幅員	(耐火建築物の場合) 　合計床面積200㎡以下：1.5m 　合計床面積200㎡超　：2.0m (耐火建築物以外の場合) 　合計床面積100㎡以下：1.5m 　合計床面積100㎡超　：2.0m	該当なし

(*1) 共同住宅としての用途部分が1,000㎡を超えるものに限る

出所:日本橋くるみ行政書士事務所作成

⑤ 界壁、防火上主要な間仕切壁

　界壁とは、長屋や共同住宅における各住戸間の壁を指し、住戸と廊下の境の壁は該当しません。また、防火上主要な間仕切壁とは、ホテル等や寄宿舎において、小屋裏や天井裏を通じて火災が延焼拡大することを防ぐために設ける区画壁であり、一定規模ごとの居室間の壁等に加え、各居室と廊下の境の壁も該当します。

　界壁及び防火上主要な間仕切壁は、原則として防火性能の高いもの(準耐火構造)とし、小屋裏又は天井裏に達せしめることが要求されます(図表5―16)。

図表5―16:防火上主要な間仕切壁等の制限(建築基準法施行令114条)

用途＼制限	対象部分	構造
住宅	該当なし	―
長屋、共同住宅	各住戸間の界壁	原則として準耐火構造[*1]とし、小屋裏又は天井裏に達せしめること。
ホテル等、寄宿舎	防火上主要な間仕切壁	

(*1) 耐火建築物の場合は耐火構造とする

出所:日本橋くるみ行政書士事務所作成

　戸建住宅や長屋をホテル等に用途変更するには、防火上主要な間仕切壁の要求を満たすため、居室と避難経路である廊下を区画する壁等を新たに準耐火構造とし、小屋裏又は天井裏に達せしめることが必要となりますが、そのような建物の構造を大きく変える工事は現実的ではありません。そのため、

実務上は次の間仕切壁の防火対策の適用除外規定[97]を適用することで、防火上主要な間仕切壁の制限を回避することが一般的です。

> 以下のA、Bいずれかの場合は、間仕切壁の防火対策を適用除外とする。
> A：床面積200㎡以下の階又は床面積200㎡以内毎に準耐火構造の壁等で区画した部分に、スプリンクラー設備を設けた場合
> B：小規模（居室の床面積の合計が100㎡以下の階又は居室の床面積の合計100㎡以内毎に準耐火構造の壁等で区画した部分）で、各居室に煙感知式の住宅用防災報知設備若しくは自動火災報知設備又は連動型住宅用防災警報器が設けられ、(ア)又は(イ)のいずれかに適合する場合
> (ア) 各居室から直接屋外、避難上有効なバルコニー又は100㎡以内毎の他の区画（屋外及び避難上有効なバルコニーは、幅員50cm以上の通路その他の空地に面するものに限る。以下「屋外等」という。）に避難ができるものであること
> (イ) 各居室の出口から屋外等に、歩行距離8m（各居室と通路の内装不燃化の場合は16m）以内で避難でき、かつ、各居室と避難経路とが間仕切壁及び常時閉鎖式の戸（ふすま、障子等を除く。）等で区画されているものであること

上記B(ア)及び(イ)の要件を満たす図面の例は、図表5—17のとおりです。

なお、建築物をホテル等に用途変更すると、消防法令への適合のため、必ず各居室に自動火災報知設備を設置します。そのため、例えば東京都に所在する戸建住宅で、簡易宿所に必要となる幅員1.5～2.0mの窓先空地の要件を満たし、かつ居室の床面積の合計が100㎡以下の階のみを有する場合では、自動火災報知設備の設置により、間仕切壁の防火対策の適用除外規定も同時に満たすことになります。

⑥ 非常用の照明装置

非常用の照明装置は、建築物の火災等による停電時に足元の照度を確保して避難を容易とするための設備であり、共同住宅、ホテル等を含む一定の建築物において、居室や居室から地上に通ずる廊下、階段等の避難路等への設置が義務付けられます（建築基準法35条）。戸建住宅、共同住宅、ホテル等における非常用の照明装置の設置範囲は、図表5—18のとおりです。

戸建住宅をホテル等に用途変更すると、原則として、居室及び居室から地

---

[97] 平成26年8月22日国土交通省告示第860号、平成26年8月22日国住指第1784号

図表5—17：間仕切壁の防火対策が適用除外となる図面の例

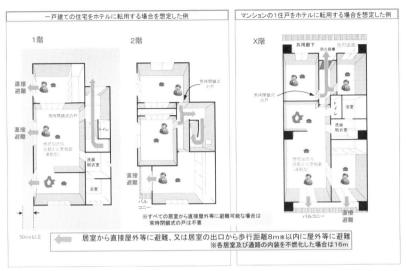

出所：国土交通省「寄宿舎等における間仕切壁の防火対策の規制の合理化」を一部修正

図表5—18：非常用の照明装置の設置範囲

設置場所	戸建住宅・長屋	共同住宅	ホテル等
居室	建物全体として設置免除（＊2）	設置免除（＊2）	必要（＊4）
居室から地上に通ずる廊下、階段、その他の通路		必要（＊3）	必要（＊3）
その他の照明装置の設置を通常要する部分（＊1）		必要	必要

（＊1）通り抜け避難に用いられる室、廊下に接するロビー等
（＊2）建築基準法施行令126条の4第1号
（＊3）採光上有効に直接外気に開放された通路・廊下は除く
（＊4）避難階又は避難階の直上階若しくは直下階の居室で避難上支障がないものその他これらに類するものとして国土交通大臣が定めるものは設置免除

上に通ずる廊下等に非常用の照明装置の設置が必要となります。しかし、避難階又は避難階の直上階若しくは直下階の居室で避難上支障がないものその他これらに類するものとして国土交通大臣が定めるものとして、図表5—19に掲げる要件を満たす居室等については、非常用の照明装置の設置が免除されます（建築基準法施行令126条の4第4号、平成12年建設省告示第1411号[98]）。

[98] 平成12年5月31日 建設省告示第1411号「非常用の照明装置を設けることを要しない避難階又は避難階の直上階若しくは直下階の居室で避難上支障がないものその他これらに類するものを定める件」

図表5―19:非常用の照明装置の設置が免除される居室等の要件

対象となる部分	要件①	要件②
避難階の居室等	屋外への出口までの歩行距離が30m以下であること、かつ避難上の支障がないこと	採光に有効な部分の面積の合計が、当該居室の床面積の20分の1以上であること(建築基準法施行令116条の2第1項第1号に該当する窓その他の開口部を有する居室及びこれに類する建築物の部分であること)
避難階の直上階又は直下階の居室等	屋外への出口又は屋外避難階段に通ずる出口までの歩行距離が20m以下であり、かつ避難上の支障がないこと	―

出所:建設省告示1411号に基づき日本橋くるみ行政書士事務所作成

2階以下かつ延べ面積200㎡未満の戸建住宅であれば、建設省告示1411号の免除規定の適用により、多くの居室において非常用の照明装置の設置を不要とすることが可能です。ただし、居室から地上に通じる廊下、階段等の避難路には、本告示の免除規定は適用されないため、原則として、非常用の照明装置の設置が必要となります[99]。

⑦ 屋内階段の寸法

建築基準法施行令23条により、建築物の用途及び面積に応じて、屋内階段の蹴上(階段の1段の高さ)及び踏面(階段で足を乗せる部分)等の寸法が定められています(図表5―20)。

戸建住宅をホテル等に用途変更する場合は、階段の寸法を建築基準法令に適合させなければなりませんが、建築物の構造によっては、階段部分の改修が不可能である場合や、階段部分の改修が他の部分に及び大規模な工事が必要になる場合があるため注意が必要です。

⑧ 内装制限

住宅の場合、火気使用室(例:調理室、浴室)の内装仕上げは、原則として、準不燃材料以上とする必要がありますが、最上階に所在する火気使用室は、当該制限の適用除外となります(建築基準法施行令128条の4第4項)。

戸建住宅をホテル等に用途変更すると、最上階に所在する火気使用室で

---

[99] 採光上有効に直接外気に開放された通路・廊下は非常用照明装置の設置が免除される。開放廊下型共同住宅の廊下や階段に非常用照明装置が必要か否かは、一般的には①ほぼ全体にわたって建築基準法施行令20条1項により算定された採光上有効な部分に該当していること、②排煙上支障のない状態で外気に直接開放されていること、の2要件を満たすか否かで判断されている(プロのための建築法規ハンドブック4訂版 p266)。

図表5—20：住宅及びホテル等における屋内階段の基準

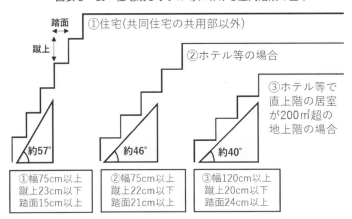

（注）階段の傾斜は現行基準内で最も勾配の急な状態を表す

出所：日本橋くるみ行政書士事務所作成

あっても、その内装仕上げは準不燃材料以上としなければなりません。

さらに、ホテル等、下宿、共同住宅、寄宿舎といった一定の特殊建築物のうち、次に掲げる規模のものは、居室及び避難経路の内装仕上げを、それぞれ難燃材料以上及び準不燃材料以上としなければなりません（建築基準法35条の2、建築基準法施行令128条の4、同施行令129条）。

(a) 耐火建築物の場合……3階以上の床面積が300㎡以上[*1]
(b) 準耐火建築物の場合……2階の床面積が300㎡以上
(c) その他の場合……床面積が200㎡以上

（*1）100㎡以内（共同住宅の場合は200㎡以内）毎に防火区画されている場合は対象外。

一般建築物である住宅では、居室及び避難経路の内装制限はありませんので、例えば、耐火建築物又は準耐火建築物に該当しない床面積が200㎡以上の戸建住宅を、特殊建築物であるホテル等に用途変更するには、居室及び避難経路の内装仕上げに係る工事が必要となります。

⑨ 廊下の幅

建築基準法令上、共同住宅、ホテル等を含む一定の特殊建築物や、階数が三以上である建築物等のうち、居室の床面積の合計が200㎡（地階は100㎡）を超える階の廊下（3室以下の専用のものを除く）は、一定の幅員を確保しなければなりません（建築基準法117条）。当該階に必要とされる廊下幅は、

図表5―21のとおりです。

図表5―21：居室の床面積の合計が200㎡（地階は100㎡）を超える階に必要となる廊下幅

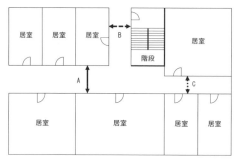

A：両側に居室のある廊下
　⇒廊下幅は1.6m以上必要

B：その他の廊下
　⇒廊下幅は1.2m以上必要

C：3室以下の専用の廊下
　⇒廊下幅の制限なし

出所：日本橋くるみ行政書士事務所作成

　階数が三以上ではない2階建の戸建住宅には、廊下幅の制限は適用されません。そのため、2階建の戸建住宅のうち、居室の床面積の合計が200㎡を超える階を有するものをホテル等に用途変更するにあたっては、当該階において必要な廊下幅が確保されているかを確かめることが重要です。

（参考）住宅宿泊事業及び特区民泊の場合

　住宅宿泊事業又は特区民泊により民泊を合法化する場合には、届出住宅や特区民泊の認定施設の建築基準法令上の扱いは住宅となるため、上述の簡易宿所に課される様々な建築基準法令への適合の検討は不要です。ただし、滞在期間を6日以下とする特区民泊の認定施設及び一定の届出住宅においては、一定の防火・避難規定への適合が要求されます（第Ⅲ章3(3)，第Ⅳ章6(1)②を参照）。

―【建築基準法のまとめ】戸建住宅の簡易宿所化のポイント―

・建物が、ホテル等が建築可能な用途地域に所在することを確かめる。
・簡易宿所への用途変更部分を決定する（100㎡以下なら確認申請不要）。
・確認申請を要する場合、確認済証及び検査済証の有無を確かめる。
・3階建の戸建住宅の場合には耐火建築物であることを確かめ、竪穴区画を設置する。
・東京都に所在する建物の場合は、窓先空地の確保状況を確かめる。
・屋内階段の寸法（階段幅、蹴上、踏面）の法令適合を確かめる。
・居室の床面積合計が200㎡を超える階では、廊下の幅が法令に適合することを確かめる。

・火気使用室等の内装仕上げ等が法令に適合することを確かめる。
・建築士等の専門家と相談し、その他の法令適合の状況を確かめる。
・現況が法令適合していない部分については、必要な工事を実施する。

　簡易宿所に課される建築基準法令の厳しい要求に鑑みると、簡易宿所営業の許可取得が現実的に可能な戸建住宅は、2階以下かつ床面積200㎡未満の規模のものに限られると考えてよいでしょう。上記で解説した以外にも建築基準法令の様々な要求があるため、特に確認申請が必要となる100㎡超の用途変更では、建築士の関与が必須となります。

　また、実務上は、確認申請に要する手間とコストを削減するため、簡易宿所営業に供する部分を100㎡以下に抑えることも検討すべきです。

(3) 消防法（一般住宅の全部を簡易宿所とする場合）

　防火対象物に該当しない一般住宅は、消防法令の制限をほとんど受けません。しかし、一般住宅の全部で旅館業の許可取得、特民泊の認定取得又は住宅宿泊事業の届出を行うと、当該住宅は、消防法施行令別表第一・5項イの防火対象物となり、自動火災報知設備、誘導灯、消火器といった消防用設備の設置が必要となります。

① 　自動火災報知設備

　自動火災報知設備とは、感知器を用いて火災による煙や熱を自動的に感知し、警報ベルを鳴動させ、建物内の人達に火災を知らせる設備です。従来の有線方式に加え、2008年12月の消防法施行規則の改正により、無線式の自動火災報知設備も認められるようになりました。自動火災報知設備は、防火対象物の用途区分と延べ面積等に基づき設置が必要となります（図表5—22）。

図表5—22：自動火災報知設備の設置基準

消防法施行令・別表第一の区分	全部設置の基準
5項イ……旅館、ホテル、宿泊所その他これらに類するもの	面積にかかわらず設置
5項ロ……寄宿舎、下宿、共同住宅	延べ面積500㎡以上
16項イ……特定用途（5項イ等）を含む複合用途防火対象物	延べ面積300㎡以上

出所：日本橋くるみ行政書士事務所作成

　一般住宅では自動火災報知設備の設置は不要ですが、5項イの防火対象物では、面積にかかわらず建物全体における自動火災報知設備の設置が義務付けられます。ただし、5項イの防火対象物のうち、次の要件を満たすもの

は、自動火災報知設備に代えて、特定小規模施設用自動火災報知設備を設置することができます。

- 建物の延べ面積が300㎡未満であること
- 当該建物が特定一階段等防火対象物に該当しないこと

　特定一階段等防火対象物とは、避難階（直接地上へ通ずる出入口のある階）以外の階のうち、1階及び2階を除く階に特定用途[100]部分がある防火対象物で、当該避難階以外の階から避難階又は地上に直通する階段が2[101]以上設けられていないものをいいます（消防法施行規則23条4項7号）。

　例えば、簡易宿所に用途変更した2階建の戸建住宅は、特定一階段等防火対象物に該当しないため、延べ面積が300㎡未満であれば、自動火災報知設備に代えて、特定小規模施設用自動火災報知設備を設置することができます。

　他方、建物全部を簡易宿所に用途変更した3階建の戸建住宅のうち、屋内階段が1つしかないものは、3階部分に5項イとしての特定用途部分が存するため、特定一階段等防火対象物に該当します。結果、この建物は特定小規模施設用自動火災報知の設置可能要件を満たさず、原則どおり、自動火災報知設備を設置しなければなりません。

　特定小規模施設用自動火災報知設備のメリットは、自動火災報知設備に比べて安価に設置できることにあります（図表5―23）。

図表5―23：自動火災報知設備等の施工費用の例

比較項目	自動火災報知設備 （300㎡に新規設置）	特定小規模施設用 自動火災報知設備
設置個数	27個	15個
施工費用	約150万円	約40万円
1個当たり施工費用	約5～6万円	約2～3万円

（注）　消防署への届出を業者に依頼する場合、上記以外に届出費用がかかる
出所：消防テックホームページ（http://shoubou-teq.com）より

　建築基準法の用途変更がしやすい2階建以下かつ200㎡未満の戸建住宅であれば特定小規模施設用自動火災報知設備の設置が可能であるため、用途変

---
[100] 消防法施行令別表第一1項から4項まで、5項イ、6項、9項イ、16項イ及び16の2項の用途をいう。
[101] 当該階段及び傾斜路が屋外に設けられ、又は消防法施行規則4条の2の3に規定する避難上有効な構造を有する場合にあつては、1となる。

更に要するコストに加え、自動火災報知設備の設置に係るコストも抑えることができます。

② 誘導灯及び誘導標識

誘導灯及び誘導標識は、避難口や避難方向を示すための設備です。誘導灯は、光を発する照明器具であり、避難口を示す「避難口誘導灯」、避難口までの避難方向を示す「通路誘導灯」及び劇場、映画館等に設置が義務付けられる「客席誘導灯」の3種類が存在します。他方、誘導標識は、発光性能が求められない標識（プレートやステッカー）であり、電気工事なしで取り付けることができます。

一般住宅では誘導灯の設置は不要ですが、5項ロの防火対象物（共同住宅、寄宿舎、下宿）では建物の一部に、5項イの防火対象物（ホテル、旅館、簡易宿所等）では、原則として、建物の全部に避難口誘導灯及び通路誘導灯を設置することが義務付けられます（図表5-24）。

図表5-24：誘導灯及び誘導標識の設置が必要となる範囲

建物の分類	避難口誘導灯	通路誘導灯	客席誘導灯	誘導標識
一般住宅	―	―	―	―
5項イ（ホテル等）	全体	全体	―	全体[*1]
5項ロ（共同住宅等）	地階、無窓階 地上11階以上	地階、無窓階 地上11階以上	―	全体[*1]
16項イ（ホテルと共同住宅の複合施設等）	全体[*2]	全体[*2]	―	全体[*1]

（*1）誘導灯を設置した場合、その有効範囲には設置不要
（*2）小規模特定用途複合防火対象物に該当する場合は、地階、無窓階 地上11階以上に設置（本章4(4)②を参照）

避難口誘導灯及び通路誘導灯は、大きさ及び輝度によりA級、B級、C級の3等級に区分され、避難口誘導灯はさらに避難の方向を示すシンボル（矢印）の有無ごとに、有効範囲が規定されています（図表5-25）。

<u>避難口誘導灯の設置基準</u>

5項イの防火対象物では、建物の全部において、次の箇所に避難口誘導灯を設置しなければなりません（消防法施行規則28条の3第3項1号）。

図表5―25：誘導灯の区分と有効範囲

区分(*1)			有効範囲(*2)	例示
避難口誘導灯	A級	避難の方向を示すシンボルのないもの	60m	避難の方向を示すシンボルなし
		避難の方向を示すシンボルのあるもの	40m	
	B級	避難の方向を示すシンボルのないもの	30m	避難の方向を示すシンボルあり
		避難の方向を示すシンボルのあるもの	20m	
	C級(*3)		15m	
通路誘導灯	A級		20m	
	B級		15m	
	C級		10m	

（＊1）A級は縦寸法0.4m以上、B級は0.2～0.4m、C級は0.1～0.2mであること
（＊2）誘導灯を容易に見とおすことができない場合又は識別することができない場合は、有効範囲は10mとなる（消防法施行規則28条の3第2項）
（＊3）C級のものにはシンボルの併記は認められていない

出所：日本橋くるみ行政書士事務所作成

　イ　最終避難口
　ロ　直通階段の出入口
　ハ　イ又はロに掲げる避難口に通ずる廊下又は通路に通ずる出入口（室内の各部分から容易に避難することができるものとして消防庁長官が定める居室の出入口を除く。）
　ニ　イ又はロに掲げる避難口に通ずる廊下又は通路に設ける防火戸で直接手で開くことができるもの（くぐり戸付きの防火シャッターを含む。）がある場所

　ただし、上記ハの括弧書きにおける消防庁長官が定める居室として、次の2要件[102]を満たす居室の出入口には、避難口誘導灯の設置が免除されます。

（a）室内の各部分から当該居室の出入口を容易に見とおし、かつ、識別することができる。
（b）床面積が100㎡（主として防火対象物の関係者及び関係者に雇用されている者の使用に供するものにあっては、400㎡）以下である。

　以上をまとめた避難口誘導灯の設置例は、図表5―26のとおりです。

---

[102]平成11年3月17日 消防庁告示第2号「誘導灯及び誘導標識の基準」第3条2号に規定。

図表5－26：避難口誘導灯の設置例

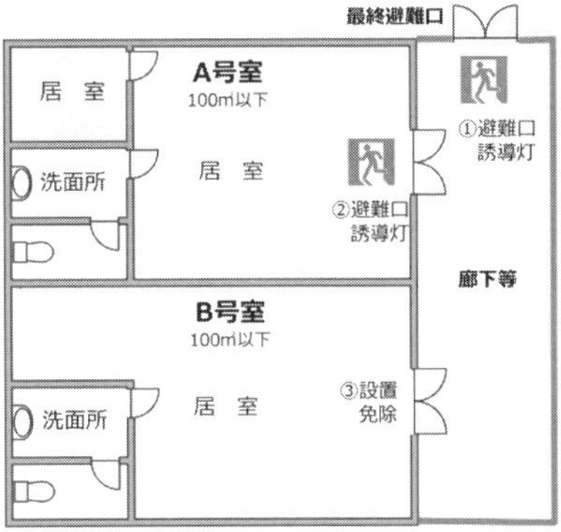

```
┌─────────────────┬──────┐
│  A号室          │最終避難口│
│  100㎡以下       │  ↑    │
│                 │ ①避難口│
│     居 室        │  誘導灯│
│ 洗面所           │       │
│         ②避難口 │       │
│          誘導灯  │廊下等  │
├─────────────────┤       │
│  B号室          │       │
│  100㎡以下       │       │
│                 │ ③設置 │
│     居 室        │  免除 │
│ 洗面所           │       │
└─────────────────┴──────┘
```

①最終避難口には通路口誘導灯の設置が必要となる（規則28条の3第3項1号イ）

②A号室は、奥の居室から主要な避難口が識別できないため、原則どおり避難口に通ずる廊下に通ずる出入口に避難口誘導灯の設置が必要となる（規則28条の3第3項1号ハ）。

③B号室は、居室の各部分から主要な避難口を容易に見渡し識別でき、かつ床面積が100㎡以下であるため、避難口誘導灯の設置は免除される（規則28条の3第1号ハ括弧書き）

出所：日本橋くるみ行政書士事務所作成

<u>通路誘導灯の設置基準</u>

5項イの防火対象物では、建物の全部において、次の箇所に通路誘導灯を設置しなければなりません（消防法施行規則28条の3第3項2号）。

イ　廊下等の曲り角

ロ　避難口誘導灯の設置個所イ及びロに掲げる避難口に設置される避難口誘導灯の有効範囲内の箇所

ハ　イ及びロのほか、廊下又は通路の各部分（避難口誘導灯の有効範囲内の部分を除く）を通路誘導灯の有効範囲内に包含するために必要な箇所

ただし、居室の各部分から主要な避難口又はこれを設ける避難口誘導灯を容易に見通し、かつ、識別できる階で、当該避難口に至る歩行距離が避難階にあって40メートル以下、避難階以外の階にあっては30メートル以下である場合には、通路誘導灯の設置は不要です（消防法施行規則28条の2第2項1号）。また、階段又は傾斜路のうち、建築基準法に規定する非常用照明装置を設けられているものも、通路誘導灯の設置は不要です（同条同項5号）。

消防法令には、上記以外にも様々な規定があるため、誘導灯の設置範囲の決定にあたっては管轄の消防署との確認が重要となります。

③　消火器

一般建築物には消火器の設置は義務付けられていませんが、5項イの防火対象物では延べ面積が150㎡以上の場合は消火器の設置が義務付けられます（消防法施行令10条1項2号）。

(4) 消防法（一般住宅の一部を簡易宿所とする場合）

　戸建住宅等、消防法令上「一般住宅」として扱われる建物の一部を簡易宿所とする場合、一般住宅部分と簡易宿所部分の床面積の割合及び簡易宿所営業の用に供される部分の床面積（一般住宅の用途と共用される廊下、階段、通路、便所、管理室、倉庫、機械室等の部分の床面積は、一般住宅用途に供される部分と簡易宿所営業の用に供される部分のそれぞれの床面積に応じ按分する。以下、按分後の床面積を「簡易宿所部分の床面積」と呼ぶ）に応じて、消防法上の取扱いが異なります（図表５－27）[103]。

図表５－27：一般住宅の一部を簡易宿所とする場合

各部分の床面積割合	簡宿部分の面積	消防法上の取扱い	必要となる消防用設備
一般住宅＞簡易宿所	50㎡以下	一般住宅	なし[*1]
	50㎡超	複合用途防火対象物（16項イ）	自火報……簡宿部分のみに必要[*2] 誘導灯……全体に必要[*3] 消火器……簡宿部分150㎡以上で必要
一般住宅≒簡易宿所	―		
一般住宅＜簡易宿所	―	防火対象物（５項イ）	自火報……建物全体に必要 誘導灯……全体に必要[*3] 消火器……建物全体150㎡以上で必要

（＊１）ただし、全ての住宅に設置義務がある住宅用火災警報器は設置が必要
（＊２）ただし、建物全体の延べ面積が300㎡以上の場合は、建物全体に設置が必要

出所：日本橋くるみ行政書士事務所作成

① 建物全体が一般住宅となる場合

　一般住宅部分の床面積が簡易宿所部分の床面積よりも大きく、かつ、簡易宿所部分の床面積が50㎡以下の場合は、消防法上は、建物全体が一般住宅と扱われます。この結果、自動火災報知設備、誘導灯、消火器といった消防用設備は設置不要となります。ただし、全ての住宅に設置義務がある住宅用火災警報器は設置が必要です。

② 建物全体が16項イの複合用途防火対象物となる場合

　一般住宅部分の床面積が簡易宿所部分の床面積よりも大きく、かつ、簡易宿所部分の床面積が50㎡超の場合又は一般住宅部分の床面積が簡易宿所部分の床面積と概ね等しい場合には、消防法上は、建物全体が用途が混在する防火対象物（消防法施行令別表第一16項イの複合用途防火対象物）として扱わ

---

[103] 昭和50年４月15日 消防予第41号、消防安第41号「令別表第１に掲げる防火対象物の取り扱いについて」

れ、次のとおり消防用設備の設置が必要となります。

自動火災報知設備

　建物全体の延べ面積が300㎡未満の場合には、簡易宿所部分のみに自動火災報知設備の設置が必要です。、当該建物が特定一階段等防火対象物に該当しない場合（例：2階建の場合）は、特定小規模施設用自動火災報知設備の設置が認められます（本章3(3)①を参照）。

　建物全体の延べ面積が300㎡以上の場合には、建物全体に自動火災報知設備の設置が必要となります。この場合には、面積要件から特定小規模施設用自動火災報知設備の設置は認められません。

誘導灯

　原則として、建物全体に誘導灯の設置が必要です。ただし、本章3(3)②に記載の一定の場合には、誘導灯の設置が免除されます。

消火器

　簡易宿所部分の床面積が150㎡以上の場合には、消火器の設置が法令上必要となります。また、多くの自治体の条例では、建物の延べ面積が150㎡以上となる場合には、消火器を設置することを定めています（本章4(4)③を参照）。

③　建物全体が5項イの防火対象物となる場合

　簡易宿所部分の床面積の合計が一般住宅部分の床面積の合計よりも大きい場合は、建物全体が5項イの防火対象物として扱われます。この結果、建物全体を簡易宿所とする場合と同様に、自動火災報知設備は、一般住宅部分を含む建物全体に設置が必要になるとともに、消火器も一般住宅部分を含む建物全体の延べ面積が150㎡以上となる場合に設置が必要となります。

（参考）住宅宿泊事業及び特区民泊の場合

　特区民泊の認定施設は、旅館業（下宿営業を除く）の施設と同様に消防法施行令別表第一5項イ防火対象物となるため、これらの施設には、共通の消防基準が適用されます。また、住宅宿泊事業の届出住宅（家主同居型で宿泊室の床面積合計が50㎡以下のもの[104]を除く）の取扱いも同様です。そのため、これまでの旅館業の施設に関する消防法令の解説は、届出住宅のうち家主同居型で宿泊室の床面積合計が50㎡以下のものを除き、「簡易宿所」を「特区民泊の認定施設」、「届出住宅」とそれぞれ読み替えることができま

---

[104] 届出住宅のうち家主同居型で宿泊室の床面積合計が50㎡以下のものの取扱いは第Ⅳ章3(5)を参照。

す。

【消防法のまとめ】戸建住宅の簡易宿所化のポイント
- 特定小規模施設用自動火災報知設備の設置が可能かどうかを確かめる（2階建以下かつ200㎡未満の戸建住宅では設置可能）
- 誘導灯の設置免除規定が適用可能かどうかを確かめる
- 建物の延べ面積が150㎡以上の場合、消火器を設置する
- 一般住宅の一部を簡易宿所とする場合、簡易宿所部分の床面積が一般住宅部分の床面積よりも小さく、かつ簡易宿所部分の床面積が50㎡以下の場合には、消防用設備の設置が免除される

なお、自動火災報知設備の設置には消防設備士の資格が、誘導灯の設置には、電気工事士の資格がそれぞれ必要です[105]。これら消防用設備の設置にあたっては、必要な有資格者を擁する設備業者に工事を依頼しましょう。

(5) 戸建住宅における簡易宿所許可の実例解説

これまで説明した旅館業法、建築基準法及び消防法のポイントを踏まえ、戸建住宅における簡易宿所許可取得の実例を解説します（図表5-28）。

物件概要
　　施設名称：HASE　TERRACE
　　所在地　：神奈川県鎌倉市坂ノ下
　　用途地域：第二種住居地域（建蔽率：60%、指定容積率：200％）
　　構造　　：木造2階建・戸建住宅
　　敷地面積：110.35㎡
　　建築面積：43.88㎡（敷地面積との比：39.76％）
　　延べ面積：87.76㎡（敷地面積との比：79.52％）
　　間取り　：4LDK

① 用途地域と耐火建築物要求のチェック

戸建住宅における簡易宿所営業の許可申請にあたっては、依頼者から提供された物件の概要情報に基づき、まず、用途地域と耐火建築物要求をチェックします。

物件がホテル等を建築できない住居専用地域に所在する場合や、ホテル等

---

[105] ただし、特定小規模施設用自動火災報知設備のうち、すべての感知器が無線式感知器であり、かつ、連動型警報機能付感知器であって、受信機を設けないものは、消防設備士でなければ行ってはならない工事又は整備から除かれている（消防庁告示第14号「消防法施行令第三十六条の二第一項各号及び第二項各号に掲げる消防用設備等に類するものを定める件」2条1号(六)括弧書き）。

図表5—28：立面図と平面図（簡易宿所営業の許可検討前）

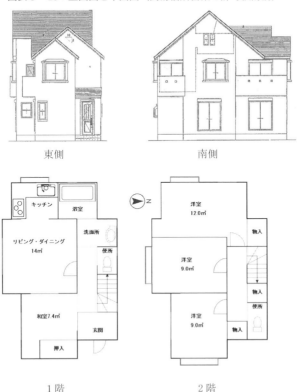

としての耐火建築物要求を満たせない木造３階建の戸建住宅の場合には、その時点で簡易宿所営業の許可申請は不可能と判断します。

本物件は、ホテル等を建築できる第二種住居地域に所在し、かつホテル等としての耐火建築物要求がない２階建であることから、次のステップに進みます。

② 構造設備要件のチェック

次に物件の図面等の情報に基づき、建物の構造設備要件（面積、玄関帳場、トイレ、洗面、浴室等）をチェックします。

面積が狭い物件の場合、１人あたり3.3㎡の客室面積や有効面積が定員数の制約となることがあります。また、自治体の条例等に定められる構造設備要件次第では、玄関帳場の設置、トイレの増設、脱衣所の設置といった工事が必要となります。

本物件の延べ面積は、87.76㎡と十分な広さがあり、客室面積や有効面積が定員数の制約とはならないと判断されます。また、延べ面積100㎡以下のため、用途変更の確認申請が不要である点も許可取得にとってプラス要素です。

　その他の構造設備要件について、鎌倉市は、保健所設置市ではないため市独自の条例はなく、神奈川県の旅館業法施行条例・別表第4に掲げる簡易宿所営業の要件が適用されます。

神奈川県・旅館業法施行条例　別表第4（第7条関係）
（省略）
4　次の要件を満たす玄関帳場又はフロントを有すること。
　(1)　玄関を容易に見通すことができること。
　(2)　宿泊者名簿に記入させるための受付台を有し、かつ、客に直接面接できる構造設備であること。
（省略）
7　共同便所は、施設内に便所を設けていない客室がある場合は、当該施設内に1以上設けなければならない。この場合において、便所を設けていない客室を有する階（当該客室の宿泊定員数の合計が5未満である階は除く。）にあつては、その階に設けなければならない。
（省略）
9　浴室等は、次の要件を満たすものであること。
　(1)　浴室は、次の要件を満たすものであること。
　　ア　外部から見通すことのできない構造であること。
　　イ　床及び腰張りは、コンクリート、タイル等の不浸透性材料で作られていること。
　　ウ　脱衣所が別に設けられていること。
　　エ　水又は湯を供給できる設備を有すること。
　　オ　汚水を停滞することなく、下水溝に排出できる構造設備であること。
（省略）

　第4項には、玄関帳場の設置が定められていますが、玄関帳場の面積要件はありません。そのため、玄関スペースの一部に宿泊者名簿に記入させるための受付台を設置し、そこで宿泊客に直接面接することとしました。

第7項では、便所を設けていない客室がある場合には、1個以上の共用便所を、便所を設けていない客室を有する階で宿泊定員5以上の階がある場合には当該階に設置することを定めています。本物件では、1階、2階にトイレが1個ずつ備わっていたため、それぞれを共用便所と位置付けることで共用便所の個数要件を満たすことができました。

第9項では、浴室の脱衣所を別に設けることを定めています。そのため、浴室に隣接する洗面所を脱衣所としました。ただし、脱衣所と洗面所を兼ねることはできないため、キッチンを洗面所としました。

そして、各居室に十分な広さの窓があったため、2階にある3つの洋室はすべて客室とし、宿泊定員をそれぞれ3名、2名、2名とし、ベッド等の寝具を設置しました。また、1階の和室も布団を敷く宿泊定員3名和客室とし、リビング・キッチンは共用スペースとしました。

以上を踏まえた平面図と玄関帳場の写真は、図表5―29のとおりです。

図表5―29：平面図（定員10名：簡易宿所営業の許可申請時）と玄関帳場の写真

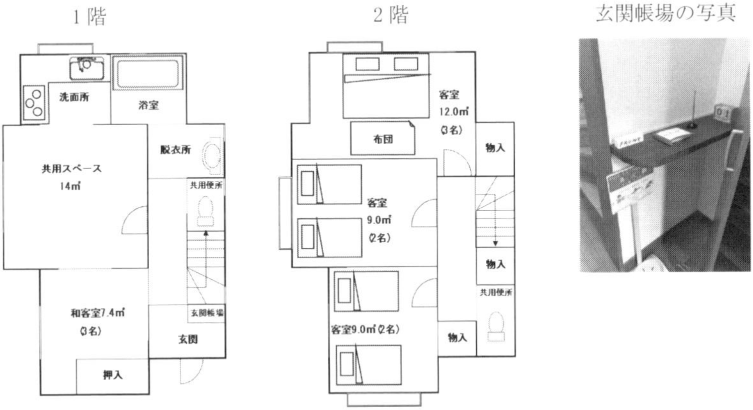

③　消防用設備の設置

最後に必要となる消防用設備を設置します。まず自動火災報知設備について、建物の延べ面積が300㎡未満であり、かつ、特定一階段等階段等防火対象物には該当しないことから、特定小規模施設用自動火災報知設備の設置が可能です。4つの客室、共用スペース、脱衣所にそれぞれ連動ワイヤレス感知器を設置しました。

次に誘導灯は、最終避難口に該当する玄関と、直通階段の出入口に該当する2階の階段口に、C級片面型の避難口誘導灯を設置しました。各居室は、

室内の各部分から当該居室の出入口を容易に見とおし、かつ、識別することができ、それぞれ床面積100㎡以下であるため、居室の出入口における避難口誘導灯の設置は免除されました。階段の曲り角には建築基準法上の非常用の照明装置を設置したため、通路誘導灯の設置は不要とされました。

本建物の延べ面積は150㎡未満であり、消火器の設置義務はありませんでしたが、宿泊客の安全配慮のため1階の玄関部分と2階の廊下に、10型消火器を計2台設置しました。

以上を踏まえた消防用設備の配置図示は、図表5―30のとおりです。

図表5―30：平面図（消防用設備の設置個所）

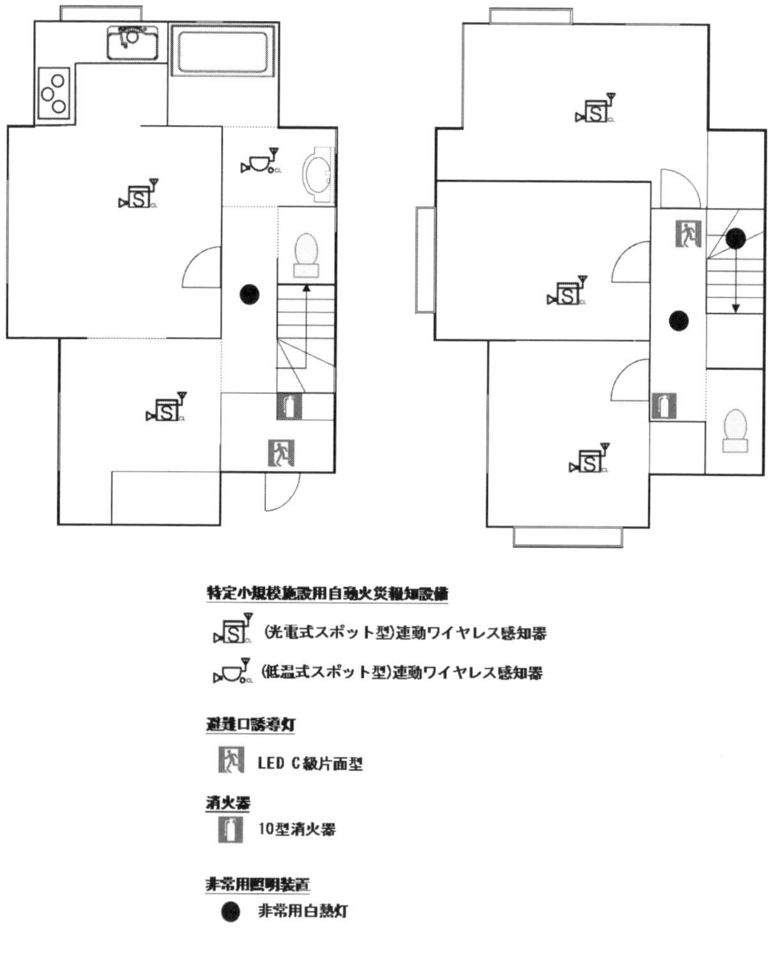

特定小規模施設用自動火災報知設備
　🆂 (光電式スポット型)連動ワイヤレス感知器
　🆂 (低温式スポット型)連動ワイヤレス感知器

避難口誘導灯
　🄴 LED C級片面型

消火器
　🧯 10型消火器

非常用照明装置
　● 非常用白熱灯

> コラム　自治体別・民泊許可要件等の研究⑤

「札幌市」
……簡易宿所は条例によりトイレ3個、レストランも必要

　暑さの厳しい夏の間は涼しい北海道で過ごしたい、そう思われる方も多いでしょう。豊かな自然に恵まれる北海道は、とれたてのカニやエビなどの海の幸や乳製品等のグルメ、富良野やニセコ等のスキーリゾート、登別や洞爺湖に代表される温泉地といった天然の観光資源が数多く存在し、従来から国内旅行の人気が高い地域でしたが、近年では、台湾、韓国、中国など近隣諸国に加え、タイやマレーシアなど常夏の東南アジアからはるばる「雪を見たい」と観光に訪れる外国人旅行客が増加しています。日本人旅行者数は、夏の避暑シーズンに多いのに対して、外国人旅行者数は、雪まつりが開催される冬に多くなる傾向にあります。北海道観光の中心である札幌市では、外国人旅行客の増加を受け、宿泊施設の不足と無許可の違法民泊の増加が問題となっています。当事務所でも複数の旅館業の許可申請を進めていますが、札幌市には、独自の条例や要綱が存在し、他の地域に比べ許可取得のハードルが高いのが実情です。
　まず、旅館・ホテル営業には、「札幌市旅館業等建築指導要綱」の適用があり、商業地域の一部を除き、旅館・ホテルの建築にあたっては、市との事前協議が要請されます。なお、簡易宿所営業の施設の建築にあたっては、事前協議は要請されません。
　また、札幌市では条例により、施設の構造設備要件も厳しく定められており、例えば、簡易宿所営業の施設には、3㎡以上の玄関帳場（フロント）、定員20人以下につき3個以上のトイレ（共用便所の場合）及び調理場の設置が求められます。調理場設置には、旅館業許可とは別に食品衛生法に基づく飲食店営業許可が必要となり、食品衛生上の管理運営を行う食品衛生責任者の配置を要します。この厳しい設備要件により、札幌市で旅館業の許可を取るには、一定以上の規模の施設であることが要求されます。
　違法民泊に関する騒音・ごみ出し等の苦情増加を受け、札幌市は2017年2月に年中無休の民泊サービス通報窓口を開設し、違法民泊の取り締まりを強化しました。また、札幌市議会は、小中学校の周辺100m及び住居専用地域等における住宅宿泊事業の実施を制限する「札幌市住宅宿泊事業の実施の制限に関する条例」を2018年3月に可決しました。札幌市での合法的な民泊の実施には高いハードルが課されることが予想されます。

4．共同住宅における特区民泊認定／旅館・ホテル営業許可の取得

　アパートやマンションといった共同住宅を通年稼働できる宿泊施設とするには、原則として旅館業の許可を取得する必要があり、一般的には多数人共用の構造設備を設置する必要のない旅館・ホテル営業を選択します。なお、特区民泊の実施地域内であれば、旅館・ホテル営業よりも許可要件の緩やかな特区民泊を選択します。

　共同住宅で旅館・ホテル営業の許可又は特区民泊の特定認定を受ける場合の主な実務上の論点は、図表5―31のとおりです。

⑴　旅館業法

　共同住宅で旅館・ホテル営業の許可を取得する場合には、玄関帳場の設置等、旅館業法の厳しい構造設備要件が課されます。他方、特区民泊であれば旅館業法は適用されず、国家戦略特別区域法令に基づく客室面積要件等をクリアすれば特定認定を受けることができます。

① 客室面積

　旅館営業における最低床面積は、7㎡（寝台を置く客室にあっては9㎡）と定められています（旅館業法施行令1条1項1号）。3畳一間程度の狭い居室を有する共同住宅でない限り、旅館営業の許可取得にあたり客室面積が問題となることはありません。

　他方、特区民泊では、1居室の最低床面積は25㎡であり、単身者向けのワンルーム、1Kといった間取りでは、当該面積要件を満たさないことがあります。このような場合には、特区民泊の実施地域であっても、一客室当たりの面積要件が緩やかな旅館・ホテル営業の許可取得を検討することになります。

② 窓面積

　「旅館業における衛生等管理要領」における旅館・ホテル営業の窓面積の面積基準は、簡易宿所営業の場合と同様に2017年12月の同要領の改正により削除されました。（本章3⑴②を参照）。また、特区民泊施設には、建築基準法上の住宅としての採光の要件が課されます。

③ 玄関帳場

　旅館営業では、政令により宿泊しようとする者との面接に適する玄関帳場その他当該者の確認を適切に行うための設備として厚生労働省令で定める基

図表5―31：共同住宅で特区民泊認定又は旅館・ホテル営業許可を受ける際の
　　　　　主なハードル

各規制における 主なハードル		共同住宅	特区民泊 （滞在3〜6日）	旅館・ホテル営業
旅館業法		適用なし	特別に適用除外	適用あり
	①客室面積	―	25㎡以上	7㎡以上（＊1）
	②窓面積	―	―	条例等による
	③玄関帳場	―	―	原則必要（＊2）
	④便所等個数	―	1個	1個
	⑤最低客室数	―	1室	1室
建築基準法		共同住宅	共同住宅	ホテル等
	①容積率の緩和	あり	同左	なし
	②用途地域等	ほぼ制限なし（＊3）	実施地域による	用途地域による
	③用途変更の確認申請	―	―	必要
	④耐火建築物等要求	4階建以上（＊4）	同左	3階建以上等
	⑤窓先空地（＊5）	必要	同左	不要
	⑥界壁・間仕切壁	住戸間の界壁に 対して適用	防火上主要な間仕切壁に対して適用	
	⑦非常用照明装置	居室は不要	居室及び廊下・階段等の避難路に必要	
	⑧内装制限	200㎡以内の防火 区画部分は免除	同左	100㎡以内の防火 区画部分は免除
	⑨排煙設備		同左	
	階段寸法、廊下幅	共同住宅とホテル等で差異なし		
消防法		共同住宅	防火対象物・5項イ	
	①自動火災報知設備	500㎡以上で必要	全て必要（＊6）	
	②誘導灯	地階、無窓階、 11階	原則必要（＊7）	
	③消火器	150㎡以上で必要	150㎡以上で必要	
	④スプリンクラー設備	11階以上の 階に必要	11階以上の建物では全ての階に必要	

（＊1）寝台（ベッド）を設ける場合は9㎡以上
（＊2）宿泊者の本人確認を適切に行うための設備を有する場合には設置しないことができる
（＊3）工業専用地域及び市街化調整区域では建築不可
（＊4）防火地域では3階建以上で耐火建築物とする必要あり
（＊5）東京都の場合
（＊6）延べ面積300㎡未満であれば特定小規模施設用自動火災報知設備の設置が可能（特定一階段等防火対象物を除く）
（＊7）居室面積100㎡以下等、一定の場合には設置免除の規定あり

準に適合するものを有することが義務付けられています（旅館業法施行令1条1項2号）。共同住宅で旅館・ホテル営業の許可を受けるにあたり、玄関帳場を設置することを選択した場合、実務上は、受付がある管理人室が設けられている場合は管理人室を、管理人室がない場合は居室の1室を玄関帳場として利用するのが一般的です。

玄関帳場を設置しない場合には、厚生労働省令（旅館業法施行規則4条の3）に規定する玄関帳場に代替する機能を有する設備を設置する必要があります（第Ⅱ章6(1)を参照）。

他方、特区民泊では、玄関帳場の設置は不要です。特区民泊の認定事業者には、滞在者の本人確認が義務付けられますが、対面による方法に代え、映像等により確実に確認できる方法により本人確認をすることが認められます（第Ⅲ章5(6)を参照）。

④ 便所等個数

旅館・ホテル営業では、各客室に便所、洗面設備、浴室が各1個備わっていれば構造設備要件を満たします。共同住宅の居室にこれらの設備が備わっている場合、旅館・ホテル営業の許可取得にあたり、便器等を増設する必要はありません。これに対して、共同住宅において簡易宿所営業の許可を取得する場合は、多数人共用の構造設備を備えるを前提とするため複数便器等が必要となるケースがあります。水回り設備の工事負担を避ける観点からは、旅館・ホテル営業の方が簡易宿所営業よりも共同住宅での許可取得に適しています。

他方、特区民泊では、居室に便所、洗面設備、浴室に加え、台所の設置が必要です。

⑤ 最低客室数

旧旅館業法では「ホテル営業」及び「旅館営業」について、最低客室数がそれぞれ10室、5室と定められていましたが、2017年12月に公布された新旅館業法では、ホテル営業と旅館営業が「旅館・ホテル営業」に統合され、最低客室数の要件は撤廃されました。そのため、新旅館業法が施行される2018年6月15日以降は、条例による制限がない場合は、共同住宅の1室から旅館・ホテル営業の許可を受けることができるようになります。

特区民泊も同様に、共同住宅の1室から特定認定を受けることができます。

─ 【旅館業法のまとめ】共同住宅の旅館・ホテル営業化のポイント ─
・管理室又は居室を玄関帳場とするか、玄関帳場に代替する機能を有する設備を設置する。
・特区民泊の実施地域では、許可要件の緩やかな特区民泊の申請を優先的に検討する。

(2) 建築基準法

　共同住宅において旅館業法の許可を申請する場合、まず確認すべき項目は、容積率です。共同住宅には共用の廊下や階段に対する容積率の緩和措置が適用されますが、共同住宅をホテル等に用途変更すると、当該容積率の緩和措置を受けられなくなります。特に、都市部では、土地の有効活用のため容積率限界で建築されている共同住宅が多く、容積率の制約によりホテル等に用途変更できない事例が見られます。しかし、共同住宅とホテル等には、共通して適用される建築ルールも多いため、容積率の問題さえクリアできれば、共同住宅からホテル等への用途変更は比較的容易に行うことができます。

　他方、特区民泊の場合、共同住宅で特定認定を受けても、建築基準法上の用途は共同住宅のままであるため、容積率の緩和措置が引き続き適用されます。このため、特区民泊の実施地域では、特区民泊の活用により、既存の共同住宅を容積率の制約なく宿泊施設に転用することや、ホテルよりも広い延べ面積で新築可能な特区民泊マンションを建築することが可能です。

① 容積率の緩和

　1997年の建築基準法令の改正により、共同住宅の共用の廊下若しくは階段の用に供する部分（以下、共用廊下等の部分）の床面積は、容積率の算定の基礎となる延べ床面積には算入しないこととされました（建築基準法52条6項）。また、2014年の建築基準法令の改正により、建物の用途を問わず、エレベーターの昇降路の部分の床面積についても、容積率の算定の基礎となる延べ面積に算入しないこととされました（建築基準法52条6項）。これらの緩和措置により、共同住宅では、図表5—32に示す部分が容積率の算定から除外されます。

共同住宅の全部をホテル等に用途変更する場合

　共用廊下等の部分を容積対象延べ面積から除外する緩和措置は共同住宅のみに適用され、ホテル等の他の用途には適用されません。そのため、1997年

図表5−32:共同住宅における容積対象延べ面積不算入の対象となる部分の例示

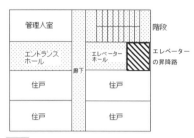

出所:日本橋くるみ行政書士事務所作成

以降に当該緩和措置を利用して建築された共同住宅において旅館・ホテル営業の許可を取得し、その全部をホテル等に用途変更しようとしても、当該緩和措置の不適用の結果、容積率が超過し、用途変更が認められません。

他方、共同住宅をホテル等に用途変更した場合でも、エレベーターの昇降路部分の床面積は、引き続き容積対象延べ面積から除外されます。

共同住宅の一部をホテル等に用途変更する場合の容積率緩和措置の取扱い

共同住宅の用途に供する部分とその他の用途に供する部分が複合している建築物については、共同住宅の共用廊下等の部分に対する容積率緩和措置は、次のとおり扱うものとされています[106]。

(a) 専ら住戸の利用のために供されている共用廊下等の部分は緩和措置の対象とすること。

(b) 専ら住戸以外の利用のために供されている共用廊下等の部分は緩和措置の対象としないこと。

(c) (a)及び(b)以外の共用廊下等の部分については、その床面積の合計に、当該建築物における住戸の用に供されている専用部分等(住戸の用に供されている専用部分及び共用部分のうち、専ら住戸の利用のために供されている部分)の床面積の合計と住戸以外の用に供されている専用部分等(住戸以外の用に供されている専用部分及び共用部分のうち、専ら住戸以外の利用のために供されている部分)の床面積との合計のうち住戸の用に供されている専用部分等の床面積の合計が占める割合を乗じて得

---

[106] 平成9年6月13日 住街発73号「都市計画法及び建築基準法の一部を改正する法律の一部の施行について」

た面積を共用廊下等の部分の床面積に含めて取り扱うこと。

　すなわち、共同住宅の一部をホテル等に用途変更する場合は、専ら住戸の利用のために供されている共同住宅部分や、共同住宅とホテル等の共用部分の一部について、引き続き共用廊下等の部分に対するの容積率緩和措置が適用されます。

　そのため、建物の全部をホテル等とすると容積率が超過してしまう共同住宅でも、ホテル等の範囲を容積率超過とならないよう一部にとどめることによって、共同住宅の一部をホテル等に用途変更することが可能です。

<u>共同住宅の全部又は一部を特区民泊施設とする場合</u>

　共同住宅の全部又は一部で特区民泊の特定認定を受けても、当該建物の建築基準法上の用途は、共同住宅のままであるため、引き続き共用廊下等の部分に対する容積率緩和措置が適用されます。

② 　用途地域、実施地域

　旅館・ホテル営業の許可を受けることができる用途地域は、本章3(2)①を、特区民泊の特定認定を受けることができる実施地域は、第Ⅲ章4(1)を参照ください。

③ 　用途変更の確認申請

　共同住宅における旅館・ホテル営業の許可取得により、共同住宅からホテル等への用途変更部分が100㎡を超えた場合は、類似しない用途の特殊建築物への変更であるため、用途変更の確認申請が必要となります。用途変更の詳細は本章2(4)及び本章3(2)②を参照ください。

　共同住宅で特区民泊の認定を受けても建築基準法上の用途は変わらないため、用途変更の確認申請は不要です。

④ 　耐火建築物等要求

　防火地域以外の地域における3階建の共同住宅のうち、延べ面積3,000㎡以下のものは耐火建築物とする必要がありません。ホテル等では、3階以上の階は必ず耐火建築物とすることが要求されますので、耐火建築物でない3階建の共同住宅をホテル等に用途変更する場合は、ホテル等への用途変更の範囲から3階部分を除く必要があります。耐火建築物等要求の詳細は本章3(2)③を参照ください。

　耐火建築物でない3階建ての共同住宅で特区民泊の特定認定を受けても、

耐火建築物とする等の必要はありません[107]。

⑤ 窓先空地

東京都においては、共同住宅及び簡易宿所において窓先空地の確保が要求されますが、ホテル・旅館では窓先空地の確保は要求されません。そのため、戸建住宅における簡易宿所営業の許可取得の場合と異なり、共同住宅における旅館・ホテル営業の許可取得では窓先空地は問題となりません。

また、東京都では、共同住宅には簡易宿所よりも厳しい窓先空地の規制が課されるため、共同住宅において簡易宿所営業の許可を取得する場合も、窓先空地は問題となりません。

共同住宅で特区民泊の特定認定を受けても建築基準法の用途は変わらず、そのため当該建物では、共同住宅としての窓先空地の確保が引き続き要求されることになります。

⑥ 界壁・防火上主要な間仕切壁

本章3(2)⑤に記載のとおり、ホテル等では、防火上主要な間仕切壁を準耐火構造とし、小屋裏又は天井裏に達せしめることが原則として必要となります。

この点、一般的な共同住宅は、界壁に加え、住戸と共用廊下の境の壁も界壁と同様に準耐火構造として天井裏に達せしめて建築されるのが通常であり、また、旅館・ホテル営業の許可取得にあたり、消防法令の要請から自動火災報知設備の設置が義務付けられることから、結果的に、居室の床面積の合計100㎡以内毎に準耐火構造の壁等で区画した部分に自動火災報知設備が設置されることとなり、間仕切壁の防火対策の除外規定が適用可能となるケースがほとんどです。

滞在期間を3～6日とする特区民泊施設でも、ホテル等に準じた防火上主要な間仕切壁の設置が必要となります[108]。しかし、旅館・ホテル事業の場合と同様に消防法令の要請により、特区民泊施設にも自動火災報知設備の設置が義務付けられるため、間仕切壁の除外規定が適用できるケースがほとんどです。

なお、滞在期間を7日以上とする特区民泊施設では、間仕切壁の防火対策は不要です。

---

[107] なお、耐火建築物でない3階建の戸建住宅で特区民泊の特定認定を受ける場合は、3階部分の特区民泊利用を制限する必要がある（第Ⅲ章3(3)を参照）
[108] 第Ⅲ章3(3)を参照。

⑦ 非常用の照明装置

本章3(2)⑥に記載のとおり、ホテル等では居室、廊下・階段等の避難路及びその他の照明装置の設置を通常要する部分に、原則として、非常用の照明装置を設置する必要があります。

共同住宅では、居室への非常用照明装置の設置が免除されますので、共同住宅をホテル等に用途変更する際には、建設省告示1411号の免除規定が適用されない居室について、非常用照明措置の追加設置が必要となります。

滞在期間を3〜6日とする特区民泊施設でも、ホテル等に準じた非常用照明装置の設置が必要となります[109]。他方、滞在期間を7日以上とする特区民泊施設では、非常用照明装置の追加設置は不要です。

⑧ 内装制限

本章3(2)⑧に記載のとおり、ホテル等のうち一定規模以上のものは、居室及び避難経路の内装仕上げをそれぞれ難燃材料以上及び準不燃材料以上としなければなりません。

そのため、共同住宅をホテル等に用途変更する場合は、居室及び避難経路の内装仕上げが建築基準法令に適合することを確かめる必要があります。特に、ホテル等では、100㎡以内に防火された部分のみが居室及び避難経路の適用除外とされますが、共同住宅では、当該面積が200㎡に緩和されているため、防火区画単位が100㎡を超える共同住宅をホテル等に用途変更するには、追加の内装工事が必要となる点に注意が必要です。

なお、共同住宅で特区民泊認定を受ける場合には、追加の内装制限は課されません。

⑨ 排煙設備

排煙設備とは、建築物の火災時に発生する煙やガスを、避難や消火活動の妨げとならないよう、屋外に排出させるための設備です。

共同住宅、ホテル等の一定の特殊建築物のうち、延べ面積が500㎡ものは、排煙設備の設置が原則として必要となります。ただし、100㎡以内（共同住宅の場合は200㎡以内）に防火区画された部分については、排煙設備の設置が免除されます（建築基準法施行令126条の2）。

共同住宅の方が排煙設備の設置基準が緩和されているため、前述の内装制限と同様に、防火区画単位が100㎡を超える共同住宅をホテル等に用途変更するには、排煙設備の追加設置が必要になる点に注意が必要です。

---

[109] 第Ⅲ章3(3)を参照。

なお、共同住宅で特区民泊認定を受けた場合には、排煙設備の追加設置は不要です。

【建築基準法のまとめ】共同住宅の旅館・ホテル営業化のポイント
・建物のホテル等が建築可能な用途地域に所在することを確かめる。
・容積率を調べ、ホテル等に用途変更可能な範囲を決定する。
・3階建の共同住宅のうち耐火建築物でないものは、1～2階のみを用途変更対象とする。
・用途変更の確認申請を要する場合、確認済証及び検査済証の有無を確かめる。
・建築士等の専門家と相談し、その他建築基準法令への適合を確かめる。
・現況が建築基準法令に適合していない部分については、必要な工事を実施する。

共同住宅は、既に特殊建築物として一定の建築基準を満たしており、階段寸法や廊下幅等、ホテル等と共通する規定も数多く存在します。そのため、容積率に余裕があり、完了検査を受けている共同住宅であれば、ホテル等への用途変更はそれほど難しくありません。

共同住宅において特区民泊の特定認定を受ける場合は、建築基準関係の制約が問題となることはほとんどありません。共同住宅において住宅宿泊事業の届出を行う場合も同様です。

(3) 消防法（共同住宅の全部を宿泊施設化する場合）

消防法令上、共同住宅は消防法施行令・別表第一5項ロの防火対象物として、一定の消防基準への適合が要求されます。

共同住宅の全部で旅館・ホテル営業の許可又は特区民泊の特定認定を受けると、建物全体が消防法施行令・別表第一5項イの防火対象物となり、5項ロよりも厳しい消防基準が適用されます。

以下では、共同住宅の全部で特区民泊の特定認定を受ける場合に適用される消防用設備の設置基準等を説明します。

①自動火災報知設備

共同住宅等、5項ロの防火対象物のうち、延べ面積が500㎡以上のもの等[110]には、原則として、自動火災報知設備の設置が義務付けられます（消防

---
[110] 5項ロの防火対象物のうち、地階、無窓階又は三階以上の階で、床面積が三百平方メートル以上のもの（消防法施行令21条1項11号）及び11階以上の階（同条同項14号）においても自動火災報知設備の設置が義務付けられる。

法施行令21条1項4号)。ただし、5項ロの防火対象物のうち、総務省令第40号「特定共同住宅等における必要とされる防火安全性能を有する消防の用に供する設備等に関する省令」に規定される「特定共同住宅等」としての一定の適合基準を満たすものは、共同住宅用自動火災報知設備等の設置により、自動火災報知設備を含む一定の消防用設備の設置が免除されます[111]。自動火災報知設備に代えて共同住宅用自動火災報知設備等を設置する方がコストを低く抑えられることが多いため、延べ面積が500㎡以上の共同住宅で自動火災報知設備が設置されているケースは、実際にはほとんどありません。

他方、5項イの防火対象物には、延べ面積に関係なく自動火災報知設備の設置が義務付けられます。なお、5項ロの防火対象物の場合と異なり、共同住宅用自動火災報知設備等を設置しても、自動火災報知設備の設置は免除されません。

以上より、共同住宅の全部で特定認定を受ける場合には、自動火災報知設備の設置義務がない延べ面積500㎡未満の共同住宅はもちろん、自動火災報知設備に代えて共同住宅用自動火災報知設備等を設置している延べ面積500㎡以上の共同住宅についても、自動火災報知設備の設置工事が必要となります。

なお、共同住宅のうち、延べ面積が300㎡未満であり、特定一階段等防火対象物に該当しないもので特区民泊の特定認定を受ける場合は、自動火災報知設備に代えて、特定小規模施設用自動火災報知設備を設置することができます(本章3(3)①を参照)。

②誘導灯

本章3(3)②に記載のとおり、共同住宅等、5項ロの防火対象物では、地階、無窓階及び11階以上の階においては避難口誘導灯及び通路誘導灯の設置が、それ以外の階においては誘導標識の設置が、原則として、義務付けられる[112]一方、5項イの防火対象物では、建物全体に避難口誘導灯及び通路誘導灯の設置が義務付けられます。

そのため、共同住宅の全部で特区民泊の特定認定を受ける場合には、避難口誘導灯及び通路誘導灯の設置免除基準に該当しない限り、地階、無窓階及

---

[111] 平成17年3月25日総務省令第40号「特定共同住宅等における必要とされる防火安全性能を有する消防の用に供する設備等に関する省令」、平成17年3月25日消防庁告示第2号「特定共同住宅等の位置、構造及び設備を定める件」を参照。
[112] 特定共同住宅等としての一定の適合要件を満たす共同住宅では、共同住宅用自動火災報知設備等の設置により、誘導灯及び誘導標識の設置が免除される場合がある。

び11階以上の階以外において避難口誘導灯及び通路誘導灯の設置工事が必要となります。

③消火器

5項ロ、5項イの防火対象物はともに、延べ面積が150㎡以上の場合には消火器の設置が義務付けられます（消防法施行令10条1項2号）。

そのため、共同住宅の全部で特区民泊の特定認定を受けても、消火器の追加設置は不要です。

④スプリンクラー設備

スプリンクラー設備とは、天井部分に配置されたスプリンクラーヘッドにより火災を早期に感知し、ヘッドからの放水により自動的に消火を図る消防用設備です。

共同住宅等、5項ロの防火対象物では、11階以上の階に、原則として、スプリンクラー設備の設置が義務付けられます（消防法施行令12条1項12号）[113]。

他方、5項イの防火対象物のうち、地階を除く階数が11以上のものには、建物の全部にスプリンクラー設備の設置が義務付けられます（消防法施行令12条1項3号）。また、次の場合においても、5項イの防火対象物の全部又は一部にスプリンクラー設備の設置が義務付けられます。

・延べ面積6,000㎡以上のもの（平屋建を除く）……全部に設置
・地階、無窓階で床面積1,000㎡以上のもの……当該階に設置
・4階以上10階以下の階で床面積1,500㎡以上のもの……当該階に設置

そのため、例えば、11階のみにスプリンクラー設備を設置した11階建の共同住宅の全部で特区民泊の特定認定を受ける場合は、1階から10階までの階にスプリンクラー設備を設置しなければなりません。

他方、10階建の共同住宅であれば、その他の5項イの防火対象物に適用されるスプリンクラー設備の設置基準（例：延べ面積6,000㎡）に該当しない限り、特区民泊の特定認定を受けても、スプリンクラー設備の設置は不要です。

---

[113] 特定共同住宅等としての一定の適合要件を満たす共同住宅では、共同住宅用スプリンクラー設備等の設置により、スプリンクラー設備の設置が免除される場合がある。さらに、特定共同住宅等のうち一定のものでは、11階以上において内装制限などを行っている場合には、共同住宅用スプリンクラー設備の設置が免除される場合がある。

(4) 消防法（共同住宅の一部を宿泊施設化する場合）

　共同住宅の一部で特区民泊の特定認定を受けると、建物全体が消防法施行令・別表第一16項イの複合用途防火対象物となり、原則として、宿泊施設部分と共同住宅部分の両方に5項イの防火対象物に準じた厳しい消防用設備の設置基準が適用されます。ただし、宿泊施設部分の面積が建物全体の10％以下かつ300㎡未満の場合は、建物全体は小規模特定用途複合防火対象物の扱いとなり、共同住宅部分には5項ロに準じた緩やかな消防基準が適用されます（図表5-33）。

①自動火災報知設備

　前述のとおり、5項ロの防火対象物のうち、延べ面積500㎡以上のものには、原則として、自動火災報知設備の設置が義務付けられます。

　共同住宅と特区民泊施設が混在する16項イの複合用途防火対象物の場合、特区民泊部分（5項イ）には、建物の規模にかかわらず、自動火災報知設備の設置が必要です。他方、共同住宅部分は、次のとおり建物の延べ面積によって扱いが異なります。

(a)　小規模施設（延べ面積300㎡未満）

　16項イの複合用途防火対象物のうち延べ面積が300㎡未満の小規模施設では、建物全体として自動火災報知設備の設置は要求されず、特区民泊部分（5項イの部分）にのみ同設備の設置が必要です。

(b)　中規模施設（延べ面積300～500㎡）

　16項イの複合用途防火対象物のうち延べ面積が300㎡以上のものには、原則として、建物全部に自動火災報知設備の設置が必要となります（消防法施行令21条1項3号イ）。ただし、当該複合用途防火対象物が小規模特定用途複合防火対象物に該当する場合（特区民泊部分が延面積の10％以下かつ300㎡未満の場合）で、共同住宅部分と特区民泊部分の床面積合計が500㎡未満のときには、共同住宅部分における自動火災報知設備の設置は不要とされます（消防法施行規則23条4項1号へ）。

(c)　大規模施設（延べ面積500㎡以上）

　16項イの複合用途防火対象物のうち延べ面積500㎡以上の大規模施設では、建物全部に自動火災報知設備の設置が必要となり、小規模特定用途複合防火対象物に該当しても自動火災報知設備の設置は免除されません。この点、共同住宅等、5項ロの防火対象物で延べ面積が500㎡以上のものには、原則として、自動火災報知設備の設置が義務付けられているため、法令上は設置義

図表5―33：共同住宅の一部で特定認定を受けた場合における主な消防用設備の設置基準

消防用設備の例	建物の延べ面積	特定認定前 共同住宅のみ（5項ロ）	特定認定後⇒複合用途防火対象物（16項イ）		特区民泊部分（5項イ部分）
			共同住宅部分（5項ロ部分）		
			小規模特定用途複合防火対象物(*1)	左記以外	
自動火災報知設備	小規模（300㎡未満）	不要	不要		必要
	中規模（300～500㎡）	不要	不要	必要	必要
	大規模（500㎡以上）	必要(*2)	必要		
誘導灯		地階、無窓階、11階以上で必要	同左（共同住宅と同じ）	必要	必要（小規模特定用途複合防火対象物なら不要）
スプリンクラー設備		11階以上の階で必要	同左（共同住宅と同じ）	11階以上の建物は全階で必要	11階以上の階で必要
消火器		延べ面積150㎡で必要	共同住宅と同じ		特区民泊部分が150㎡で必要

（＊1）特区民泊部分10％以下かつ300㎡未満の施設をいう
（＊2）ただし、特定共同住宅等で共同住宅用自動火災報知設備等を設置した場合は設置免除
（注）太字下線部分は消防用設備の追加設置が必要となるものを表す

出所：日本橋くるみ行政書士事務所作成

務の追加はありません。

しかし、総務省令第40号に基づき、特定共同住宅等で自動火災報知設備に代えて住宅用自動火災報知設備等を設置しているものは、共同住宅の一部で特区民泊の特定認定を受けると、原則として、建物全体において住宅用自動火災報知設備を自動火災報知設備に切り替える必要が生じます。ただし、特区民泊部分が100㎡以下で区画されており、当該部分の床面積が当該防火対象物の延べ面積の10分の1以下、かつ300㎡未満である場合には、特区民泊部分を含め、建物全体における自動火災報知設備への切り替えは不要となります[114]。

---

[114] 平成28年5月16日消防予第163号「消防用設備等に係る執務資料の送付について（通知）」問3を参照。

②誘導灯及び誘導標識

　前述のとおり、共同住宅等の5項ロの防火対象物には、建物の一部（地下の階、無窓階及び11階以上の階）に避難口誘導灯及び通路誘導灯の設置が義務付けられます。

　16項イの複合用途防火対象物の場合、原則として、建物全部に誘導灯の設置が義務付けられます（消防法施行令26条1項）。ただし、当該複合用途防火対象物が小規模特定用途複合防火対象物に該当する場合は、誘導灯の設置義務は共同住宅の場合と同様に、地階、無窓階及び11階以上の階にのみ誘導灯の設置が義務付けられます（消防法施行規則28条の2第1項5号、同条2項4号）[115]。

　また、小規模特定用途複合防火対象物に該当しない場合であっても、当該複合用途防火対象物が5項ロ部分と5項イ部分のみから構成され、次に掲げる4要件を満たすものであるときには、地階、無窓階及び11階以上の階並びに特区民泊施設の存する階にのみ誘導灯を設置することで足ります[116]。

(a)　主要構造部が耐火構造であること。
(b)　住戸（宿泊施設として使用される部分を含む。(c)及び(d)において同じ。）が耐火構造の壁及び床で、200㎡以下に区画されていること。
(c)　住戸と共用部分を区画する壁に設けられる開口部には防火設備（主たる出入口に設けられるものにあっては、随時開くことができる自動閉鎖装置付の防火戸に限る。）が設けられていること。
(d)　(c)の開口部の面積の合計は、一の住戸につき4㎡以下であり、かつ、一の開口部の面積が2㎡以下であること。

③消火器

　前述のとおり、消火器は、5項ロの共同住宅の場合、延面積150㎡以上の場合に設置が必要とされます。

　16項イの複合用途防火対象物では、特区民泊部分、共同住宅部分の各床面積が150㎡以上の場合に消火器の設置が義務付けられます。ただし、延面積160㎡の建物のうち、100㎡が共同住宅部分に、残り60㎡が特区民泊部分に該当する等、各用途で消火器設置が義務付けられないようなケースに対処する

---

[115] 平成28年5月16日消防予第163号「消防用設備等に係る執務資料の送付について（通知）」問1を参照。
[116] 平成28年5月16日消防予第163号「消防用設備等に係る執務資料の送付について（通知）」問2を参照。

ため、自治体の条例により建物全体の延面積が150㎡以上の複合用途防火対象物には消火器の設置を義務付けていることが一般的です[117]。

④スプリンクラー設備

前述のとおり、5項ロの共同住宅の場合、11階以上の階にスプリンクラー設備の設置が必要となります。例えば、14階建てのマンションであれば、11階から14階にスプリンクラー設備が必要です。

16項イの複合用途防火対象物の場合、11階以上の建物では、原則として、建物全部にスプリンクラー設置が必要です（消防法施行令12条1項3号）。このため、例えば、14階建てのマンションの一部を特区民泊施設とする場合、原則として、1階から10階までにスプリンクラー設備の追加設置をしなければなりません。ただし、当該複合用途防火対象物が小規模特定用途複合防火対象物に該当する場合は、特区民泊部分、共同住宅部分ともにスプリンクラー設備の設置義務は共同住宅の場合と変わらず、1階から10階までの追加設置は免除されます（消防法施行規則13条1項2号）。

<u>消防用設備に設置に係る実務上の留意点</u>

既存の共同住宅における特区民泊認定申請の実務上、特に注意を要するのは、(a)自動火災報知設備が設置されていない延べ面積300㎡以上の共同住宅と、(b)11階建以上の共同住宅の2つです。

(a)のケースでは、共同住宅の一部での特区民泊の認定により、原則として建物全部に自動火災報知設備の設置が義務付けられるため、同設備の設置コストが発生します。延べ面積が500㎡未満の共同住宅であれば、特区民泊部分を10%以下とすることで自動火災報知設備の全部設置は免除されますが、特区民泊化できる範囲は大きく制限されてしまいます。

(b)のケースは、建物全体にスプリンクラー設備を追加設置することは、コストの観点から非現実的であるため、全部設置の義務が生じないよう、特区民泊部分を10%以下かつ300㎡未満に制限する必要があります。

また、消防法令及び各自治体の条例・規則には、より詳細な消防用設備の設置基準が定められているため、実際の特定認定の申請にあたっては、消防署との事前確認をしっかり行いましょう。

---

[117]例えば、東京都火災予防条例36条1項には「令別表第一㈥項に掲げる防火対象物のうち、同表㈢項から㈥項まで、㈨項又は㈡項から㈮項までに掲げる防火対象物の用途に供する部分を有するもので、延面積が百五十平方メートル以上のものには、消火器具を設けなければならない。」と定められている。

【消防法施行規則等の改正案】

共同住宅の一部を宿泊施設とする場合のルール合理化

2018年3月5日、総務省消防庁は、住宅宿泊事業法の施行等に対応するため、消防法施行規則等の一部を改正する省令案等を公表しました。民泊の規制緩和を図る住宅宿泊事業法の施行や旅館業法の改正等により、今後、共同住宅の一部が5項イの用途に供される防火対象物が増加することが想定されることから、省令案等には、5項イの用途を含む複合用途防火対象物における消防用設備等の設置基準を合理化する、次の改正が盛り込まれています。

(a) スプリンクラー設備の設置基準の見直し

11階建て以上の共同住宅の一部を、5項イに該当する宿泊施設として利用することで、建物全体の用途が16項イの複合用途防火対象物（小規模特定用途複合防火対象物を除く。以下同じ。）となる結果、10階以下の階の部分にもスプリンクラー設備の設置が義務付けられるが、一定の建物の構造上の条件を満たした場合には、当該部分のスプリンクラー設備の設置を免除できることとする（改正後・消防法施行規則13条1項1の2号）。

(b) 誘導灯の設置基準の見直し

共同住宅の一部を5項イに該当する宿泊施設として利用することで、建物全体の用途が16項イの複合用途防火対象物となる結果、当該防火対象物全体に誘導灯の設置が義務付けられるが、一定の建物の構造上の条件を満たした場合には、10階以下の階のうち宿泊施設が存しない階の誘導灯の設置を免除できることとする（改正後・消防法施行規則28条の2第1項4の2号）。

(c) 総務省令第40号の適用対象に、共同住宅の一部を宿泊施設とする防火対象物を追加

消防法施行令29条の4第1項の規定に基づき、特定共同住宅等における必要とされる防火安全性能を有する消防の用に供する設備等を設置することができる施設として、新たに共同住宅の一部を宿泊施設として利用する防火対象物[118]を加える（特定共同住宅等における必要とされる防火安全性能を有する消防の用に供する設備等に関する省令（改正後・平成17年総務

---

[118] 5項イ並びに6項ロ及びハに掲げる防火対象物の用途に供する各独立部分の床面積がいずれも100㎡以下であって、5項ロの防火対象物の用途に供される部分の床面積の合計が、当該防火対象物の延べ面積の二分の一以上のものに限る。

省令第40号2条1号)。

(d) 延べ面積500㎡未満の共同住宅における特定小規模施設用自動火災報知設備の設置

特定小規模施設における必要とされる防火安全性能を有する消防の用に供する設備等として特定小規模施設用自動火災報知設備を用いることができる施設に、500㎡未満の共同住宅の一部を宿泊施設として利用する防火対象物（宿泊施設の部分が300㎡未満のものに限る）を加える（改正後・平成20年総務省令第156号2条1号ハ）。

これらの消防法施行規則等の改正案が、上記の内容のまま成立し、公布・施行された場合、共同住宅の一部を宿泊施設とする場合に必要となる消防用設備の設置コストが、現行の消防法令で必要とされるものに比べて、大幅に低減される可能性があります。

(5) 消防法（共同住宅の宿泊施設化による防火管理関係への影響）

共同住宅の一部で特定認定を受け、消防法令上の取扱いが5項ロから16項イの複合用途防火対象物に変わると、防火管理者の選任、消防計画の作成、消防訓練の実施頻度等、建物における防火管理関係の基準が厳しくなります（図表5―34）。

図表5―34：共同住宅の一部で特定認定を受けた場合の防火管理関係の影響

		(5)ロ	(16)イ
1 防火管理者選任、消防計画作成	(消防法第8条第1項、消防法施行令第1条の2第3項)	収容人員50人以上	収容人員30人以上
2 消防訓練	(消防法施行規則第3条第10項)	消防計画に基づき概ね年1回以上	消火訓練及び避難訓練を年2回以上
3 甲種防火管理再講習	(消防法施行規則第2条の3第1項)	義務なし	収容人員300人以上
4 統括防火管理者選任、全体消防計画作成※管理について権原が分かれているものに限る	(消防法第8条の2第1項、消防法施行令第3条の3)	高さ31m超	・高さ31m超 ・地階を除く階数が3以上、かつ、収容人員30人以上
5 防火対象物点検報告	(消防法第8条の2の2、消防法施行令第4条の2の2)	義務なし	・収容人員300人以上 ・(5)イが避難階以外の階に存し、当該避難階以外の階から避難階又は地上に直通する階段が1

⇒ 国家戦略特区において、外国人滞在施設として特定認定を受けようとする場合は、必ず事前に当該対象物を管轄する消防署の予防担当に相談してください。

出所：大阪府健康医療部環境衛生課「国家戦略特別区域外国人滞在施設経営事業に関するガイドライン」

消防用設備の設置基準と異なり、防火管理関係の基準には、建物が小規模

特定用途複合防火対象物に該当した場合の例外はありません。そのため、共同住宅の一部で特定認定を受けた場合には、特区民泊部分の範囲・規模にかかわらず、16項イの複合用途防火対象物としての厳しい防火管理関係の基準が適用されます。

【消防法のまとめ】共同住宅の旅館・ホテル化のポイント

・延べ面積300㎡未満の場合、特定小規模施設用自動火災報知設備の設置可否を確かめる。
・延べ面積500㎡以上の場合、既存建物での自動火災報知設備が設置有無を確かめる。
・誘導灯の設置免除規定が適用可能かどうかを確かめる。
・11階建以上の共同住宅の場合、スプリンクラー設備の追加設置が生じないよう、宿泊施設化の範囲を、全体の10％以下かつ300㎡未満とする。
・宿泊施設化が防火管理関係に与える影響を確かめる。

（参考）共同住宅の全部又は一部を住宅宿泊事業の届出住宅とした場合

　住宅宿泊事業の届出住宅（家主同居型で宿泊室の床面積合計が50㎡以下のものを除く）も、ホテル等や特区民泊施設と同様に消防法施行令別表第一・5項イの防火対象物に該当するため、共同住宅の全部又は一部を住宅宿泊事業の届出住宅とした場合の取扱いは、共同住宅の全部又は一部を特区民泊施設とした場合の取扱いと同じです。家主同居型で宿泊室の床面積合計が50㎡以下の届出住宅に係る消防法令上の緩和措置は、第Ⅳ章3⑸を参照ください。

⑹　共同住宅における旅館・ホテル営業許可の実例解説

　これまで説明した旅館業法、建築基準法及び消防法のポイントを踏まえ、共同住宅における旅館・ホテル営業許可取得の実例を解説します（図表5―35）。

　　物件概要
　　　施設名称：The SORAPIA Tokyo[119]……共同住宅、全13戸（1K）
　　　所在地　：東京都墨田区向島（防火地域に該当）
　　　用途地域：商業地域
　　　　　　　　（建蔽率：100％、指定容積率：400％、基準容積率324％）

---
[119]本物件は実際には旧旅館業法で旅館営業の許可を受けたが、本書では旅館・ホテル営業の許可申請を行う仮想のケースに基づき解説をしている。

構造　　：鉄骨造7階建・耐火建築物
敷地面積：121.37㎡
建築面積：75.35㎡（敷地面積との比：62.09％）
延べ面積：452.15㎡（敷地面積との比：372.54％）
対象面積：355.69㎡（敷地面積との比：293.07％）

図表5－35：立面図及び平面図と容積対象延べ面積

階	延べ面積（緩和前）	容積率の緩和		容積対象延べ面積
		共用廊下等の部分	エレベーターの昇降路	
7階	63.92	-5.47	-5.17	53.28
6階	63.92	-5.47	-5.17	53.28
5階	63.92	-5.47	-5.17	53.28
4階	63.92	-5.47	-5.17	53.28
3階	63.92	-5.47	-5.17	53.28
2階	63.92	-5.47	-5.17	53.28
1階	68.63	-27.45	-5.17	36.01
合計	452.15	-60.27	-36.19	355.69

①用途地域と耐火建築物要求のチェック

共同住宅における旅館業の許可申請にあたっても、まず、用途地域と耐火建築物要求をチェックします。

本物件は、ホテル等を建築できる商業地域に所在し、かつ、耐火建築物として建築されていることから、次のステップに進みます。

②容積率のチェックと許可申請範囲の決定

共同住宅の旅館業許可申請では、容積率が最も重要なポイントになります。本物件が所在する商業地域の指定容積率は400％ですが、前面道路幅が5.4㎡であることから、5.7×0.6×100＝342％の基準容積率が適用されます。

このため、本物件の容積対象延べ面積は、敷地面積121.37㎡×342％＝415㎡以下としなければなりません。

本物件の全部をホテル等に用途変更すると、共用廊下等の部分の緩和措置は使えなくなるため、容積対象床面積は、延べ面積（緩和前）452.15㎡から、用途に関係なく緩和が認められるエレベーターの昇降路部分の面積36.19㎡を差し引いた415.96㎡となり、基準容積率に基づく415㎡をわずかに超過してしまいます。

そのため、本物件においては、2階部分を共同住宅とし、残りの1階及び3～7階において旅館・ホテル営業の許可を申請することとしました。この2階部分を共同住宅のままとする扱いにより、2階の共用廊下等の部分に係る面積5.47㎡が容積対象延べ面積から除かれ、基準容積率超過を回避することができます。

なお、建物の一部を共同住宅とすることによって、建物全体に係る損害保険料を低く抑えることができるという副次的なメリットもありました。

③玄関帳場の設置と客室の構造設備要件の具備

旅館・ホテル営業では、玄関帳場等又はそれに代替する機能を有する設備を設置しなければなりません。本物件は、1階の居室を管理人室とし、そこに玄関帳場を設けることで玄関帳場の設置要件をクリアしました。

客室は、洋式スタイルと和式スタイルのそれぞれをデザインしました（図表5—36）。マンションの各部屋には便所、洗面所、浴室といった旅館・ホテル営業に必要な構造設備が備わっているため、後述する消防用設備の追加設置のみで、各部屋を旅館業の用に供することができました。多人数で共用する構造設備を備えなければならない簡易宿所営業と違い、トイレ等を増設する必要がない点は旅館・ホテル営業の大きなメリットです。

図表5—36：客室の様子

洋式スタイルの客室

和式スタイルの客室

④用途変更の確認申請

　本物件では、ホテル等に用途変更する部分の床面積が100㎡を超えるため、用途変更の確認申請を行いました。建物は共同住宅として適法に建築されており、ホテル等に要求される建築基準のほとんどを既に満たしていたため、廊下等に非常用の照明装置を追加する設置工事と、消防法令に基づく自動火災報知設備及び誘導灯の設置工事のみを行いました。本物件は、確認済証及び検査済証の両方の交付を受けており、かつ建物建築時の設計図書がすべて揃っていたため、大きな問題なく用途変更の確認申請を行うことができました。

⑤消防用設備の設置

　本物件は、一棟の中に共同住宅と宿泊施設が混在する16項イの複合用途防火対象物に該当します。なお、宿泊施設部分の床面積が延べ面積の10％を超えるため、小規模特定用途複合防火対象物には該当しません。

自動火災報知設備

　本物件は、16項イの複合用途防火対象物となり、延べ面積が300㎡以上で、小規模特定用途複合防火対象物に該当しないことから、建物全体に自動火災報知設備の設置が必要です。そのため、共同住宅部分を含めた13室全てにおいて、それまで設置されていた住宅用火災警報器を自動火災報知設備に取り替えました。

誘導灯

　本物件は、16項イの複合用途防火対象物となり、小規模特定用途複合防火対象物に該当しないことから、建物全体に誘導灯の設置が必要となります。そのため、１階の最終避難口と２～７階の直通階段の出入口に避難口誘導灯を設置しました。

消火器

　東京都火災予防条例36条１項の規定により、16項イの複合用途防火対象物で延べ面積が150㎡以上のものには、消火器の設置が義務付けられます。本物件では５項ロの防火対象物の時点で消火器が備わっていたため、追加の消火器設置は不要でした。

⑥旅館・ホテル営業の許可証交付までの流れ

　旅館・ホテル営業の許可取得の手続として、まず、管轄の保健所と事前協議のうえ、旅館・ホテル営業の許可申請書を提出しました。次に共同住宅の一部を旅館とする用途変更の計画を指定確認検査機関に提出し、当該計画が

建築基準法令に適合することを示す確認済証の交付を受けました。確認済証の交付後、当該計画に基づき非常用の照明装置及び消防用設備を設置する工事を実施し、工事完了届を墨田区長宛に提出しました。その後、消防署の消防検査を受け、消防法令適合通知書の交付を受けました。工事完了届の提出、消防法令適合通知書の交付をもって、建築基準法、消防法への法適合がそれぞれ完了したため、最後に保健所の旅館業の検査を受けました。保健所の検査により、施設が旅館業法に適合していることが確認され、晴れて旅館・ホテル営業の許可証が交付されました。

5．許認可手続と行政手続法

ここまで説明した旅館業等の許可等申請にあたっては、許認可手続等に関して行政機関が守るべきルールを規定する行政手続法等の理解が重要となります。ここでは、行政機関が定める審査基準の位置付けと、許可申請に関する行政指導を受けた場合及び不許可となった場合の対応方法について説明します。

(1) 審査基準

審査基準とは、申請により求められた許認可等をするかどうかをその法令[120]の定めに従って判断するために必要とされる基準をいいます（行政手続法2条8号ロ）。行政庁は、審査基準を設定し、原則として、公にしておかなければなりません（行政手続法5条）。また、行政庁は、申請がその事務所に到達してから当該申請に対する処分までに要する標準的な期間を定めるよう努め、定めた場合には公にしておかなければなりません（行政手続法6条）。

旅館業の許可申請にあたっては、各自治体が公表する旅館業の営業許可に係る審査基準[121]を入手して、許可の具体的な要件を確認するようにしましょう。

(2) 旅館業の許可申請と行政指導

行政指導とは、行政機関がその任務又は所掌事務の範囲内において、一定の行政目的を実現するため特定の者に一定の作為又は不作為を求める指導、勧告、助言その他の行為であって処分に該当しないものをいいます（行政手

---

[120] ここでいう法令とは、法律、法律に基づく命令（告示を含む）、条例及び地方公共団体の執行機関の規則（規程を含む）をいう（行政手続法2条1号）。
[121] 旅館業の営業許可に係る審査基準の形式は地方公共団体によって異なるが、関連する法令及び条例等を参照する形式で作成されていることが一般的である。

続法2条6項)。行政指導に携わる者は、行政指導をする際、行政指導の趣旨、内容及び責任者を相手方に明示し、行政上特別の支障がない限り、相手方の求めに応じて、これらの事項を記載した書面を交付しなければなりません（行政手続法35条）。

行政指導に携わる者は、行政指導の内容があくまでも相手方の任意の協力によってのみ実現されるものであることに留意し、相手方が行政指導に従わなかったことを理由とする不利益な取扱い（別の場面で許認可等を行う場合に意図的に差別的な扱いをするなど）をしてはなりません（行政手続法32条）。

旅館業の許可申請にあたっては、行政庁（保健所）が、自主的に申請を取り下げるよう、又は申請の内容を変更するよう行政指導することがありますが、申請者がその行政指導に従わないことを明らかにしたときは、保健所は、これに反して、行政指導を続け、その行政指導に従うまでは申請の審査を保留するなど、行政指導に従わざるを得ないようにさせることによって、申請者の権利の行使を妨げてはなりません（行政手続法33条）。

このような場合、申請者は、この行政指導を拒否して申請書を提出すれば、保健所には、審査を開始する義務が生じることになりますので、行政指導に従う意思がない場合には、それを保健所に対して明確に示すことが重要です。

(3) 不許可の場合の対応

旅館業の申請が不許可となった場合には、申請者には、①再度の許可申請を行う、②行政不服審査法に基づく不服申立てを行う、③行政事件訴訟法に基づく訴訟を起こすといった選択肢があります。

行政庁は、申請により求められた許認可等を拒否する処分をする場合は、原則として申請者に対し、同時に、当該処分の理由を示さなければなりません（行政手続法8条1項）

不許可の理由が示されることにより、再度の許可申請を行う場合には、どこを直せばよいか分かるようになるとともに、また、示された理由が不当だと思うときは、行政不服審査法に基づく不服申立てや行政事件訴訟法に基づく訴訟などを起こす場合に、その争点が明確になります。

> **コラム** 自治体別・民泊許可要件等の研究⑥

「名古屋市」
……小規模簡易宿所では玄関帳場不要も、運営面の負荷から許可実績はゼロ

中京圏最大の都市である名古屋市は、金のシャチホコがシンボルの名古屋城や「ひつまぶし」「味噌かつ」「あんこトースト」といった独特の食文化で知られます。名古屋駅から電車で30分の距離に位置する中部国際空港「セントレア」では、格安航空会社（LCC）の就航により訪日外国人旅客が増加し、2019年に向けて新たなLCC専用ターミナルビルの建設が予定されています。

訪日外国人旅客の増加により、名古屋市内のビジネスホテルの稼働率は80％を超える水準が続き、2017年後半の稼働率は、満室稼働の状態と言われる90％に迫る勢いとなっています。旺盛な宿泊需要を受け、名古屋市内でも住宅を宿泊施設として提供する民泊サービスが増加しています。民泊を合法化するために必要となる、名古屋市の旅館業の許可ルールは、施設の規模によって大きく異なります。

まず、100㎡を超える規模の施設で旅館業の営業許可申請を行う場合には、名古屋市特有の建築関係ルールである「名古屋市旅館等指導要綱」が適用されます。同要綱は、名古屋市においていわゆるラブホテルの建築の抑制を図るものであり、施設の外壁、屋根、広告物等の外観の制限や申請手続の開始前の市長の同意や建築計画の公開等が要請されます。

他方、用途変更の確認申請手続を伴わない100㎡以下の規模の施設において旅館業の営業許可を申請する場合は、上記の要綱に基づく手続は要請されません。さらに、客室の延べ床面積が33㎡未満の小規模施設における簡易宿所営業であって、次の条件を満たすものについては、例外的に玄関帳場の設置を不要とする緩和措置が設けられています。

① 営業施設から300m以内の距離に管理事務室を設けること。
② 管理事務室にて対面による宿泊者の本人確認を行う。宿泊者名簿の記入を求め、設備の使用方法・過ごし方等を説明すること。
③ 管理事務室から営業施設まで営業者等が宿泊者に付き添って案内し、営業者が開錠のうえ、宿泊者に鍵を引き渡すこと。

④　営業施設と管理事務室との間に通話機器を設置し常時通話可能な状態にすること。

⑤　営業施設の出入口にビデオカメラ等を設置し、管理事務室にて宿泊者の出入りの状況を確認できる体制とすること。

しかし、これらの体制を整える実務負荷の大きさから、当該緩和措置を活用した簡易出区所営業の許可実績は2018年1月末時点では未だ存在しない状況です。2017年12月に厚生労働省から示されたサテライト型簡易宿所の取扱い（第Ⅱ章6(2)を参照）等を参考に、今後、名古屋市の玄関帳場の運営ルールが緩和され、玄関帳場の代替措置を活用した旅館・ホテル営業や簡易宿所営業の許可が増えることが期待されます。

第Ⅵ章　民泊と地方創生

　これまで解説した宿泊ビジネスに関する大胆な規制緩和により、既存の住宅施設を活用して宿泊サービスを提供する「民泊」を適法に営むための選択肢が大きく広がりました。そして、訪日外国人旅行者数が増加傾向にある地方部では、空き家等の住宅施設を活用した宿泊インフラの整備が更なる観光産業の振興に欠かせません。本章では、地方創生の切り札として期待される新しい「民泊」諸制度の効果的な活用方法を考察します。

1．イベント民泊から始める民泊起業

　地方部において、空き家等の住宅施設を活用した宿泊インフラを整備するためには、その担い手となる民泊ホストの発掘・育成が不可欠です。地方部における民泊ホストの発掘方法の一つとして、まず各地域の行政が主導してイベント民泊を実施することが挙げられます。

　民泊の周知・啓蒙効果のあるイベント民泊の実施をきっかけとして、シニア世代や主婦・主夫等の民泊に馴染みのない潜在的な担い手が、規制の緩やかな住宅宿泊事業から起業し、事業が軌道に乗った場合は、旅館業法に基づく許可を取得して民泊を本格的な事業として発展させていくことが期待されます（図表6－1）。

図表6－1：イベント民泊から始める民泊起業のイメージ

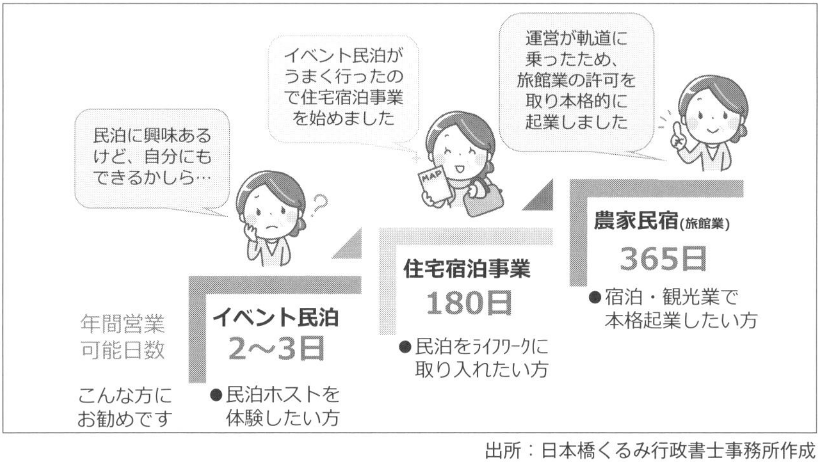

出所：日本橋くるみ行政書士事務所作成

2．イベント民泊

　イベント民泊は、多数の集客が見込まれるイベント開催期間における宿泊施設不足を解消する有効な手段であるとともに、旅行者の複数日にわたる滞在に伴う食事やオプショナルツアー参加等による観光消費等の拡大効果や、地域住民への民泊の周知・啓蒙効果も期待されます。以下、観光庁と厚生労働省が共同で発出した「イベント民泊ガイドライン」に基づき、イベント民泊の実施条件と実施方法を解説します。

(1) イベント民泊の実施条件

　イベント民泊は、①年数回程度（1回当たり2～3日程度）のイベント開催時であって、②宿泊施設の不足が見込まれることにより、③開催地の自治体の要請等により自宅を提供するような公共性の高いものである場合にその実施が認められます。

① 　年数回程度（1回当たり2～3日程度）のイベント開催時であること

　厚生労働省が発出した事務連絡[122]では、イベントの日数について「2～3日程度」としていますが、これはあくまで目安であり、イベントの状況に基づく自治体判断により、3日を超える期間を設定することも可能です。ただし、イベント開催期間を3日超とした場合でも、一つの住宅で受入可能な宿泊者は、1グループに限定されます（複数グループを受入れると継続反復性が生じ、住宅を提供する行為が旅館業に該当してしまうため）。

② 　宿泊施設の不足が見込まれること

　イベント開催時に宿泊施設の不足が見込まれるかどうかの確認においては、必ずしも精緻な調査を実施する必要はなく、自治体の観光部署において、イベントに伴う宿泊需給の予測や過去実績等から宿泊施設の不足が見込まれると合理的に判断できるのであれば、本要件は満たされます。

③ 　開催地の自治体の要請等により自宅を提供するような公共性の高いものであること

　イベント民泊を実施するか否かは、当該イベントの開催地の自治体が判断します。自治体の要請等に基づかない自宅の提供は、イベント民泊には該当しません[123]。

---

[122] 平成27年7月1日厚生労働省健康局生活衛生課事務連絡「規制改革実施計画への対応について」
[123] イベント民泊が適法に認められるのは自宅提供行為に継続反復性がないためである。自治体の要請に基づかない民間主導によるイベント時における一時的な自宅提供はイベント民泊には該当しないが、当該自宅提供行為がイベント民泊ガイドライン等に照らして継続反復性を持たない場

また、「公共性が高いもの」の要件は、イベント民泊の対象となるイベント自体に公共性がある場合（例：自治体がイベントを主催、協賛又は後援している場合）はもちろん、イベント自体が公共的なものでなくてもイベント民泊の実施について公共性が認められる場合にも満たされます。対象となるイベントには、地域のお祭り、花火大会等に限らず、国際会議や展示会等のビジネスイベント（MICE）、スポーツイベント、コンサートなどの音楽イベント等が幅広く含まれます。

(2) **イベント民泊の実施方法**

　イベント民泊を実施しようとする自治体では、観光部署が主体となり、旅館業法担当部署（自治体内に保健所が設置されていない場合には当該自治体を管轄する都道府県の旅館業法担当部署）及び警察署・消防署等の関連組織と連携してイベント民泊を実施します（図表6—2）。

① 　自治体における意思決定

　イベント民泊の実施を実施しようとする自治体の観光部署は、宿泊施設の不足が見込まれること判断を含めたイベント民泊の実施条件が全て揃っていることを確認します。当該判断を踏まえ、観光部署は旅館業法担当部署、警察署、消防署等の関連部署と事前相談のうえ、イベント民泊の実施について自治体として意思決定します。

② 　自宅提供者への要請（外部委託の選択を含む）

　イベント民泊を実施する自治体は、地域住民への自宅提供の要請行為及びその関連事務を、当該イベントの実行委員会やその他の第三者に委託することができます。委託を行う場合は、各自治体のホームページや広報誌において次の事項を明示することが適当とされています。

(ア) 　イベント民泊を実施すること。
(イ) 　イベント民泊の実施に当たり要請等の業務を第三者に委託すること。
(ウ) 　委託先事業者の名称、所在地、連絡先。
(エ) 　イベント民泊に関する当該市町村の問合先。

　イベント民泊における自宅提供の要請行為及びその関連事務を外部の第三者に委託した事例として、徳島市が2017年8月11日から16日までの期間にわ

合には、当該行為は旅館業には該当せず旅館業法に抵触しないと解される。もっとも、イベント期間中に宿泊者の入れ替わりを伴うような自宅提供行為をした場合は、継続反復性が生じる結果、当該行為は旅館業に該当し、旅館業法に抵触する。

図表6―2：イベント民泊の活用に向けた作業フロー例（自治体用）

		観光部署	旅館業法担当部署	警察署・消防署等
自治体における意思決定		多数の旅行者が見込まれるイベントの開催時に、宿泊施設の供給量（客室数）、来場者数の見込値、過去実績等から、宿泊施設が不足するかどうかを判断。		
		上記の判断結果を踏まえ、旅館業法担当部署、警察署、消防署等（以下「関係部署」という。）と事前相談の上、イベント民泊の活用について自治体として意思決定。	イベント民泊の実施について事前相談。	イベント民泊の実施について事前相談。
自宅提供者への要請		ホームページ、広報誌等により、自宅提供希望者を公募。その際、「募集要件」等の記載事項や、自宅提供者が提出する申込書の記載事項について、関係部署と事前相談。	募集要件や申込書記入事項の内容について事前相談。	募集要件や申込書記入事項の内容について事前相談。
		自宅提供希望者から提出された申込書を審査し、要請先を決定。要請先の自宅提供者について、関係部署に情報共有。	要請先の情報共有。	要請先の情報共有。
		自宅提供者に対する要請を実施。		
事前研修等		関係部署（特に旅館業担当部署）と連携して、自宅提供者に対する研修や、ホームページ・個別書面による注意事項の案内を実施。	研修、注意事項案内について連携。	適宜連携。
イベント期間中		苦情受付窓口を設け、関係部署と連携して、トラブル時に対応できる体制を構築。	トラブル時の対応体制の構築に協力。	トラブル時の対応体制の構築に協力。
イベント後		自宅提供者にアンケート等を実施し、イベント民泊の実施結果を把握。 イベント民泊の実施状況を報告。	アンケート結果の情報共有。 実施状況の把握。	アンケート結果の情報共有。

出所：イベント民泊ガイドライン（平成29年7月10日改訂）を一部修正

たって実施した「徳島阿波おどり」に伴うイベント民泊が挙げられます[124]。徳島市は予算100万円（一切の経費を含む）にて業務委託先を公募したところ、東京に事務所を置く民間企業が選定され、イベント民泊実施に係る事務

---

[124] 前年の2016年8月に開催された阿波おどりの来場者は123万人（主催者発表）にのぼった。しかし、徳島市内で営業するホテル等の宿泊施設の部屋数は約3400室、宿泊可能人数は6,100人程度と少なく、毎年宿泊施設はほぼ満室となり、観光客から苦情も出ている状況であったこと等を考慮し、同市は、2017年8月の阿波おどりに伴うイベント民泊の実施を決定した。

業務（自宅提供者の募集・審査、自宅提供者に対する研修実施、運営事務局の設置と当該事務局による自宅提供者及び宿泊者への問い合わせ対応等）が同民間企業に委託されました。

<u>自宅提供者への要請</u>

　イベント民泊を実施する自治体又はその業務を受託した者（以下、自治体等）は、自宅提供者・宿泊者・近隣住民間のトラブルや治安・安全面に関する事故を予防するため、自宅提供者が満たすべき要件を定めた上で、自宅提供希望者をホームページや広報誌等により公募し、これに申し込んだ自宅提供希望者が要件を満たすかを審査し、要件を満たす者のみに対して、個別に自宅提供を要請します。

　イベント民泊ガイドラインでは、自宅提供者が最低限満たすべき要件として、(a)自宅提供者が当該自宅についてイベント民泊を実施するための権原を有すること（賃貸借契約やマンション管理規約に違反しないこと）、(b)自宅提供者が反社会的勢力に該当しないこと、及び(c)当該自宅が対象とする地域に存すること（対象地域を限定する場合に限る）の３点が例示されています[125]。

<u>仲介サイトの活用</u>

　イベント民泊を広く周知するとともに宿泊の予約受付を効率的に行うため、仲介サイトを活用することも可能です。この場合においては、仲介サイトを運営する仲介事業者と自宅提供者とのやりとりが円滑に行われるよう、事前に、自治体等と仲介事業者との間で必要な調整を行う必要があります。

　なお、イベント民泊を仲介する者は、原則として旅行業の登録を受けなければならないとされています（住宅宿泊事業法・施行要領（ガイドライン）４－５③を参照）[126]。

③　自宅提供者に対する事前研修の実施等

　イベント民泊を実施する自治体等は、旅館業法担当部署や当該地域の旅館

---

[125] イベント民泊ガイドラインでは、(a)(b)等の自治体において直ちに把握することが困難な点について、イベント民泊が、年に数回程度に限り実施されるものであり、宿泊者や近隣住民等の第三者に大きな不利益を生じさせるリスクが低いことに鑑み、原則として、自宅提供希望者から誓約書を求める等の方法（申込書に予め誓約してもらうべき事項を印字記載し、これを誓約したことの証として、本人の署名を求める等）により確認することで足りると考えられる旨が示されている。

[126] イベント民泊は旅館業、すなわち旅行業法２条１項における「宿泊のサービス」に該当しないため、イベント民泊を仲介する者は、旅行業の登録を受ける必要がないとも考えられる（第Ⅲ章３(5)を参照）。もしイベント民泊の仲介業者に旅行業の登録を求める場合は、「宿泊のサービス」の定義の拡張及び明確化が必要であろう。

ホテル生活衛生同業組合等と連携して、事前に、自宅提供者向けの研修の実施や、ホームページ、広報誌、書面等による自宅提供者に対する案内等により、イベント民泊の実施にあたって留意すべき事項の周知に努めなければなりません。

　自宅提供者・宿泊者・近隣住民間のトラブルや治安・安全面に関する事故を予防するため、特に次の事項を自宅提供者に周知・指導することが望まれます。

(a)　自宅提供者による宿泊予約情報の確認・保存

　自宅提供者は、宿泊予約を受け付ける際は、宿泊者全員の氏名、住所、国籍及び旅券番号（日本国外に在住する外国人の場合に限る）を確認し、保存しなければなりません。なお、仲介サイトを利用して宿泊者を募集する場合には、仲介事業者において上記の各情報を取得し、個人情報保護法等の法令を遵守した上で、自宅提供者に情報を提供しなければなりません。

(b)　自宅提供者による本人確認の実施

　自宅提供者は、自宅の提供開始時（チェック・イン）及び終了時（チェック・アウト）には、宿泊者全員の本人確認を実施し、日本国外に居住する外国人の場合は、旅券により本人確認を実施した上で、その写しを保存しなければなりません。

(c)　自宅提供者による契約条件の明確化

　自宅の提供にあたっては、必ずしも契約書面を作成する必要はありませんが、宿泊者とのトラブルを防ぐため、自宅提供者は宿泊日、宿泊料金、提供する部屋の内容（部屋面積、間取り、キッチン・トイレ・シャワールームの有無、施錠の可否、単独利用・共用の別、和室・洋室の別、その他宿泊サービスの提供にあたり重要な点）等の契約条件を明確にした上で宿泊者を募集しなければなりません。なお、仲介サイトを利用して宿泊者を募集する場合には、仲介事業者と適宜連携の上、これらの各事項を予約サイト上に明記しなければなりません。

(d)　同一施設における宿泊者の入れ替えの禁止

　同一施設について、反復継続して、宿泊者を受け入れる場合には、旅館業法に基づく営業許可又は住宅宿泊事業法に基づく届出が必要となり、営業許可又は届出なく宿泊者を受け入れた場合は、旅館業法違反となります。

(e)　自宅提供者による宿泊者への施設の利用方法等の説明

　自宅の提供にあたり、自宅提供者は、必要に応じて、近隣住民や関係者

（賃貸物件の場合の賃貸人等）に不利益が生じないよう、あらかじめ、当該施設におけるゴミ処理の方法等、施設の利用にあたり遵守すべき事項について宿泊者に説明、指導する等、必要な対応を取らなければなりません。

(f) 警察等からの要請に適切に協力すること

自宅提供者は、警察や保健所等からの要請があった場合には、適切に協力しなければなりません。

④ イベント期間中の苦情対応

イベント民泊を実施する自治体等は、イベント民泊が実施されることによる住民の不安を除去するため、イベント民泊を実施する旨及びイベント民泊の概要をホームページや広報誌等において広く周知するとともに、自宅提供者、宿泊者及び近隣住民からの苦情・相談を受け付けられる苦情受付窓口を設置しなければなりません。また、トラブル発生時に観光部署及び旅館業法担当部署等の関係部署、並びに警察署及び消防署等の関係組織が連携の上、速やかに対応できる体制を構築しなければなりません。

⑤ イベント後の実施状況の報告

イベント民泊を実施した自治体は、その実施状況（イベント名・開催地・開催時期・開催日数・提供物件数・宿泊者数・延べ宿泊者数）を厚生労働省に報告しなければなりません。また、イベント民泊を実施した自治体が旅館業の営業許可の権限を有しない市町村である場合には、都道府県（政令市又は特別区）の旅館業法担当部局にも実施状況を報告しなければなりません。

イベント民泊を実施した自治体等は、イベント民泊実施期間終了後には、適宜、自宅提供者を対象とするアンケート調査を実施する等して、イベント民泊の実施状況を適切に把握のうえ、当該実施状況を関係部署・組織に伝達し、将来のイベント民泊開催時におけるトラブルや事故等の予防に努めなければなりません。

(3) イベント民泊活用のポイント

イベント民泊にはイベント時期の宿泊施設不足の解消、観光消費拡大、民泊の周知・啓蒙、イベント及び地域の広告宣伝といった多くのメリットがありますが、前述のとおり各自治体においてイベント民泊を運営・管理しなければならないため、自治体担当者に大きな実務負担がかかる点も十分に考慮して実施の可否を判断する必要があります。

イベント民泊を無理なく遂行するためには、徳島市が「徳島阿波おどり」の際に実施したような第三者への外部委託を上手に活用し、地域の企業や

NPO等の力を借りながら官民が一体となってイベント民泊に取り組むことが重要です。

理想的には、①行政が主導して実施したイベント民泊をきっかけとして、②地域住民の間で民泊が周知・啓蒙され、この結果、③地域住民による住宅宿泊事業法や旅館業法に基づく合法的な民泊事業の創業が増加し、④地域住民による民泊サービス供給が地域の観光振興と民泊団体の創立・成長につながり、⑤当該民泊団体等が主体となり行政の委託を受けてイベント民泊を継続実施していく循環が生まれることが期待されます（図表6－3）。

図表6－3：イベント民泊で期待される循環

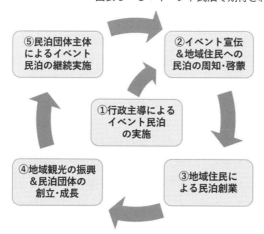

出所：日本橋くるみ行政書士事務所作成

3．家主同居型の住宅宿泊事業（ホームシェア）

我が国における新しい民泊制度として創設された住宅宿泊事業のうち、地方部での活用が特に期待されるのは、家主が自ら生活の本拠とする自宅の一部を宿泊者に提供する「家主同居型」の住宅宿泊事業です。

(1) 家主同居型の住宅宿泊事業のメリット

家主同居型の住宅宿泊事業には①初期投資をほとんど要さずに民泊開業できる、②日常家事の延長線上で業務を遂行できるといったメリットがあり、地方部におけるシニア世代や主婦・主夫といった、通常民泊や起業に馴染みのない層が、リスクを抑えて無理なく民泊事業を開始するのに適した制度です。

① 初期投資をほとんど要さず開業できる

　住宅宿泊事業の開業にあたっては、原則として、届出住宅に非常用照明器具や自動火災報知設備・誘導灯といった消防用設備を設置しなければなりません。しかし、一定の要件を満たした場合は、非常用照明器具や消防用設備の設置が免除されます（図表６－４）。

図表６－４：届出住宅における非常用照明器具及び消防用設備の設置免除要件

届出住宅に原則必要となる設備	設置免除要件
・非常用照明器具 ・消防用設備（自動火災報知設備、誘導灯、消火器等）	次の２つをいずれも満たす場合は設置免除[*1] ・住宅宿泊事業者が不在とならないこと。 ・宿泊室（届出住宅の居室のうち宿泊者の就寝の用に供するもの）の床面積の合計が50㎡以下であること。

（＊１）第Ⅳ章３(4)及び第Ⅳ章６(1)③を参照。

出所：日本橋くるみ行政書士事務所作成

　家主同居型の住宅宿泊事業であれば、宿泊室の床面積合計を50㎡以下に抑えることで、非常用照明器具及び消防用設備の設置が免除されます。この場合、届出住宅に最低限必要とされる台所、浴室、便所及び洗面設備を備える住宅であれば、追加的に必要となる設備は避難経路の表示のみであり、初期投資をほとんど要さずに住宅宿泊事業を開業することができます。

② 日常家事の延長線上で業務を遂行できる

　住宅宿泊事業者は、住宅宿泊事業の適切な実施のための業務として住宅宿泊事業法５条から10条に掲げる業務を実施しなければなりません。しかし、家主同居型の住宅宿泊事業では、これら業務のほとんどは日常家事の延長線上で遂行することができます（図表６－５）

　また、住宅宿泊事業法５条から10条に掲げる業務以外にも、集客ページの作成・登録や会計帳簿の記入や税務申告といった業務が発生します。小規模な住宅宿泊事業であれば、住宅宿泊事業者が自ら全ての業務を行うのが基本となりますが、苦手な分野の業務は外部委託することも可能です（図表６－６）。

　これらの他にも、住宅宿泊事業では年間180日を上限に、住宅宿泊事業者が営業日数を自ら決めることができるため、年間収入・所得をコントロールしやすく、税法上の配偶者控除・配偶者特別控除や、社会保険上の扶養のステータスを維持しやすいといったメリットもあります。

図表6―5:日常家事の延長で遂行可能な業務と、住宅宿泊事業者の1日のスケジュール例

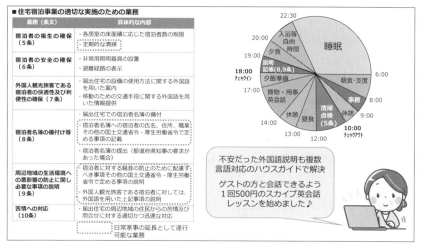

出所:日本橋くるみ行政書士事務所作成

図表6―6:開業準備から定期報告までの流れと、外部委託可能な業務

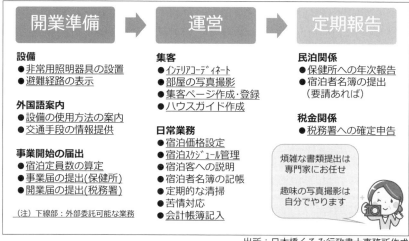

出所:日本橋くるみ行政書士事務所作成

(2) 家主同居型の住宅宿泊事業活用のポイント

　家主同居型の住宅宿泊事業は、前述のとおり開業の初期投資をほとんど要さない経済性もさることながら、民泊が本来持つ「社会的意義」や「文化的意義」といった価値を体現することができる事業形態といえます。

すなわち「社会的意義」の観点からは、家主同居型の住宅宿泊事業は、今後日本全国で増加するシニア世代等が「自宅」という社会資源を活用して無理なく宿泊サービスを創業できる制度であり、地方部におけるシニア世代の雇用を創出し、もって同世代の社会参画及び経済的安定につながることが期待されます。

また、「文化的意義」の観点からは、家主同居型の住宅宿泊事業は、家主に様々な国からの旅行者との異文化交流の機会をもたらします。シニア世代の家主にとっては、語学等の特技や茶華道等の趣味を旅行者との交流に活かすことで、定年後のセカンドライフをより充実させることができるでしょう。

民泊が持つ本来の価値を体現する家主同居型の住宅宿泊事業の活用により、我が国における今後の宿泊サービスの裾野が広がることが期待されます。

4．農林漁業体験民宿業（農家民宿）

住宅宿泊事業には、年間180日の提供可能日数の制限があるため、民泊を本格的な宿泊ビジネスとして展開することを計画する住宅宿泊事業者は、次のステップとして旅館業法に基づく営業許可の取得を検討することになります。

地方部における旅館業法に基づく許可取得においては、農山漁村滞在型余暇活動のための基盤整備の促進に関する法律（以下、農山漁村余暇法）に基づく農林漁業体験民宿業に係る規制緩和措置の活用が検討に値します。

(1) **農山漁村余暇法の概要**

農山漁村余暇法は、農林水産省が所管する法律であり、農山漁村地域において自然、文化、人々との交流を楽しむ滞在型の余暇活動（いわゆる、グリーン・ツーリズム）の促進による、ゆとりある国民生活の確保と農山漁村地域の振興を目的として1994年に制定されました。同法はグリーン・ツーリズムの促進のため、農林漁業体験民宿業の制度を設け、旅館業法、建築基準法等の規制を緩和しています。

(2) **農林漁業体験民宿業の定義**

農林漁業体験民宿業とは、施設を設けて人を宿泊させ、農林水産省令で定める農村滞在型余暇活動又は山村・漁村滞在型余暇活動（以下、農山漁村滞在型余暇活動）に必要な役務を提供する営業をいいます（農山漁村余暇法2

条5項)。

　ここでいう農山漁村滞在型余暇活動に必要な役務とは、農村滞在型余暇活動、山村滞在型余暇活動、漁村滞在型余暇活動のいずれかに係る図表6－7に掲げる役務をいいます（農山漁村余暇法施行規則2条）。

　農山漁村滞在型余暇活動に必要な役務は、必ずしも自分で提供する必要はなく、近隣の農林漁業者や農林漁業体験施設と提携し、これら提携先が提供する役務をあっせんしても差し支えありません。ただし、当該あっせんを業として営むには旅行業の登録が必要となる点に留意が必要です。

　農山漁村滞在型余暇活動に必要な役無を提供し、旅館業の許可を取得して農林漁業体験民宿業を営む施設を以降は「農家民宿」と呼びます。

<u>農家民宿を巡る規制緩和</u>

　1994年に農家民宿の制度が創設された当初は、農林漁業者がその居宅において営む（すなわち、家主同居型の）農家民宿についてのみ、後述する旅館業法の簡易宿所営業における客室延床面積要件の規制緩和措置が認められていました。その後、2016年4月1日の旅館業法施行規則の改正により、農林漁業者以外の個人がその居宅において農林漁業体験民宿業を営む場合にも当該規制緩和措置が受けられるようになりました。さらに、2018年1月24日の旅館業法施行規則の改正により、農林漁業者の要件と家主同居型の要件が撤廃され、農山漁村滞在型余暇活動に必要な役務を提供する旅館業の営業者で

図表6－7：農山漁村滞在型余暇活動に必要な役務

類　型	農業体験の指導等	林業体験の指導等	漁業体験の指導等
イ）作業体験の指導	農作業の体験の指導	森林や林産物生産等の体験の指導	漁ろうや水産動植物の養殖の体験の指導
ロ）加工／調理体験の指導	農産物の加工又は調理の体験の指導	林産物の加工又は調理の体験の指導	水産物の加工又は調理の体験の指導
ハ）知識の付与	地域の農業又は農村の生活及び文化に関する知識の付与	地域の林業又は山村の生活及び文化に関する知識の付与	地域の漁業又は漁村の生活及び文化に関する知識の付与
ニ）地域の案内	農用地等の案内	森林の案内	漁場の案内
ホ）体験施設等を利用させる役務	農作業体験施設等を利用させる役務	林業体験施設等を利用させる役務	漁業体験施設等を利用させる役務
ヘ）上記役務提供のあっせん	上記役務提供のあっせん	上記役務提供のあっせん	上記役務提供のあっせん

出所：農山漁村余暇法施行規則2条を基に日本橋くるみ行政書士事務所作成

あれば、家主同居型・不在型の区別なく、誰でも客室延床面積要件の当該緩和措置を受けられるようになりました（図表6－8）。

図表6－8：農家民宿に係る簡易宿所営業の客室延床面積要件の緩和対象

事業者要件＼居宅要件	居宅において営む（家主同居型）	居宅以外の施設で営む（家主不在型）
農林漁業者	1994年当初の緩和対象	2018年1月に追加
農林漁業者以外の個人	2016年4月に追加	
農林漁業者以外の法人		

(3) 農家民宿に適用される規制緩和措置

　農家民宿のうち、客室延床面積が33㎡未満のものは、旅館業法における簡易宿所営業の客室延床面積要件が免除されることに加え、建築基準法上も一定の要件を満たす場合は、ホテル等に該当しないものとして扱う緩和措置が設けられています。消防法上は、宿泊施設（簡易宿所）部分の面積が一般住宅部分の面積よりも小さく、かつ、宿泊施設部分の面積が50㎡以下の場合には建物全体が一般住宅扱いとなり消防設備の設置が不要となる他、地元の消防長又は消防署長の判断により、消防用設備の設置を省略することが可能です（図表6－9）。

図表6－9：住宅の一部で営まれる農家民宿に適用される規制緩和措置

規制＼面積規模	農家民宿における客室延床面積	
	33㎡未満	33㎡以上
①旅館業法	客室延床面積要件の撤廃	緩和措置なし
②建築基準法	住宅扱い	ホテル等扱い
③消防法	一般住宅（*1）	一般住宅（*1）又は16項イ（*2）

（*1）旅館業の用に供する部分の面積が50㎡以下かつ、一般住宅部分の面積よりも小さい場合
（*2）住宅に使われていた家屋で農林漁業体験民宿業をする場合、地元の消防長又は消防署長の判断により、誘導灯、誘導標識、消防機関へ通報する火災報知設備の設置を省略することが可能

出所：日本橋くるみ行政書士事務所作成

① 旅館業法（客室延床面積要件の撤廃）

　客室延床面積が33㎡未満の簡易宿所営業では、宿泊定員1人当たり3.3㎡の床面積を確保しなければなりません（旅館業法施行令1条3項1号）。しかし、農家民宿には当該旅館業法施行令1条3項1号の規定は適用されません（旅館業法施行規則5条1項4号、同条2項）。

そのため、農家民宿に該当する簡易宿所営業施設においては、自治体の条例等の規定（例：最低有効面積の要件）に反しない限りにおいて、1人当たりの床面積を3.3㎡未満とする定員設定が可能です。
② 建築基準法及び都市計画法（住宅扱いの継続）
農家民宿に適用される建築基準法上の規制緩和措置として、次の要件を満たすものは、建築基準法上の用途はホテル等に該当しないものと扱われます[127]。

・農山漁村余暇法に規定する農林漁業体験民宿業であること。
・住宅の一部を農林漁業体験民宿業として利用すること。
・客室の床面積の合計が33㎡未満であること（通常、宿泊客が足を踏み入れない押し入れや床の間を除く）。
・各客室から直接外部に容易に避難できる等、避難上支障がないと認められること。

これらの要件を満たす農家民宿の建築基準法令上の用途は住宅又は兼用住宅扱い[128]となるため、ホテル等に要求される非常用の照明装置、防火上主要な間仕切壁の設置、内装制限等は不要となります。

<u>農家民宿を営もうとする住宅が市街化調整区域に所在する場合</u>

地方部では、農家民宿を営もうとする住宅が市街化調整区域に所在するケースが多々あります。市街化調整区域は市街化を抑制すべき区域であるため、当該区域内で既存住宅の一部を用途変更して農家民宿を開業する場合は、同法43条の許可が必要です。

市街化調整区域では、農家民宿を含むホテル等の開業は、原則として、認

---

[127] 平成17年1月17日 国住指第2496号「農家民宿等に係る建築基準法上の取扱いについて（技術的助言）」
[128] 都市計画法上の用途規制を巡っては、住居専用地域において、ホテル等に該当しないものとして扱われた農家民宿の建築を認めるか否かで自治体の運用のばらつきが生じている。国住指第2496号には「また、建築基準法施行令第128条の4第4項の適用に当たって、住宅の一部を農家民宿等として利用するものについては、住宅で事務所、店舗その他これらに類する用途を兼ねるものとして取り扱って支障がないものと考えられるので、その旨申し添える。」との記載があり、ホテル等に該当しないものとして扱われた農家民宿は兼用住宅である旨が示唆されている。ホテル等に該当しない農家民宿が兼用住宅に該当すると解釈された場合で、例えば、第一種低層住居専用地域において、農家民宿は建築基準法施行令130条の3の各号に掲げる用途を兼ねるものに該当しないと判断されたときは、同地域内での農家民宿の建築は認められないことになろう。他方、農家民宿は兼用住宅ではなく住宅に該当すると解釈された場合や、農家民宿が兼用住宅と解釈された場合で、建築基準法施行令130条の3のいずれかの号における「類するもの」に該当すると判断されたときには、第一種低層住居専用地域内での建築が、必ずしも否定されるものではないとも考えられる。

図表６—10：市街化調整区域における農家民宿を認めている自治体の例

自治体	市街化調整区域において農家民宿を認める要件
福島県	(ｱ) 用途変更の対象となる建物は、農林漁業を営む者が自ら住居する住宅、又は当該住宅と同一の敷地内に存する既存の建築物であること。 (ｲ) 申請者が農家民宿を営もうとするものである旨、農林事務所長（又は水産事務所長）が確認していること。 (ｳ) 用途変更後の建築物の用途は、簡易宿所（旅館業法（昭和23年法律第138号）第２条第５項に規定する簡易宿所営業の用に供する建築物をいう。以下同じ。）、又は従来の用途と簡易宿所を兼ねるものであること。 (ｴ) 客室の延床面積は33㎡未満であること。 (ｵ) 用途変更に伴う増改築は必要最小限のものとし、原則として外観の変更は行わないこと。
京都府	農家民宿で客室面積33㎡未満であること

出所：福島県「開発審査会審査基準第13号」及び京都府「都市計画法第43条第１項の建築等の制限における増改築の取扱いについて」を基に日本橋くるみ行政書士事務所作成

められませんが、自治体によっては、特別に市街化調整区域における農家民宿を認めていることがあるため、各地域の都市計画担当部署に開業の可否を確認するようにしましょう（図表６—10）。

③ 消防法（消防庁又は消防署長の判断による要件緩和）

一般住宅の一部を簡易宿所とする場合の消防法の取扱いは、第Ⅴ章3(4)を参照ください。また、農家民宿に特別に認められる消防法上の緩和措置として、住宅として使われていた家屋で農林漁業体験民宿業を営む場合、適切な防火管理が行われていると消防長又は消防署長が認めるものについては、誘導灯、誘導標識、消防機関へ通報する火災報知設備の設置を省略することができます[129]。

(4) 農家民宿と道路運送法の関係

農家民宿において、農家民宿の営業者が宿泊者を対象に行う送迎のための輸送が、道路運送法に抵触する旅客自動車運送事業類似行為（いわゆる白バス、白タク営業）に該当しないかが論点となりました。

この点について、2003年に国土交通省・自動車交通局が発出した通知[130]により、農家民宿を含めた宿泊施設の営業者が、宿泊サービスの一環として行う送迎輸送は、原則として、旅客自動車運送事業の営業許可の対象外であ

---

[129] 平成19年１月19日 消防予第17号「民宿等における消防用設備等に係る消防法令の技術上の基準の特例の適用について」
[130] 平成15年３月28日 国自旅第250号「宿泊施設がその宿泊者を対象に行う送迎のための輸送について」

り、道路運送法上の問題はないことが明確化されました。

(5) **農家民宿と旅行業法の関係**

農家民宿において、農家民宿の営業者が宿泊サービスに農林漁業体験を付加し販売・広告する行為が旅行業法に抵触しないかが論点となりました。

この点について、2003年に国土交通省・総合政策局が発出した通知[131]により、農家民宿の営業者が自ら提供する運送・宿泊サービスに農業体験サービス等を付加して販売することは、代理・媒介・取次・利用いずれの旅行業務にも該当しないため、旅行業法には抵触しないことが明確化されました。

ただし、農家民宿の営業者が、近隣の農林漁業者や農林漁業体験施設による農山漁村滞在型余暇活動に必要な役務の提供をあっせんする場合には、当該営業者は旅行業の登録をしなければなりません。

(6) **農家民宿活用のポイント**

もともと家主同居型として制度設計された農家民宿は、家主同居型の住宅宿泊事業を営む個人又は法人が、年間提供日数の制限がない簡易宿所営業にステップアップする際に活用できる制度です。

また、例えば、寺院を運営する宗教法人が、農家民宿の制度を活用し、自ら所有・運営する寺院等の一部を宿泊施設（いわゆる宿坊）化して、修行者や旅行者等に宿泊サービスを提供することができます。

特に客室延床面積33㎡未満の小規模農家民宿は、自治体によっては、開発行為が原則禁止される市街化調整区域に存する住宅での旅館業の開業を可能とする特別な制度といえます。

① 農林漁業者以外の個人又は法人による農家民宿の活用

農林漁業者以外の個人又は法人が農家民宿を営むには、農山漁村滞在型余暇活動に必要な役務を提供する、近隣の農林漁業者や農林漁業体験施設との提携が重要となります。また、これらの提携先が提供する役務のあっせんに必要となる、旅行業の登録も必要です。

農家民宿を営む個人又は法人にとっては、業務範囲は限定されるものの、基準資産額や営業保証金等の登録要件が緩やかな「地域限定旅行業」の登録が適しています（図表6－11）。

地域限定旅行業の登録をした者は、営業所の存する市町村と、それに隣接

---

[131] 平成15年3月20日 国総観旅第526号「農家民宿が自ら宿泊者に対して行う農業体験サービスに関する旅行業法上の解釈の明確化について」

図表6—11：旅行業の登録区分別の財産要件と業務範囲

登録区分	登録要件		業務範囲
	基準資産額	営業保証金	
第1種旅行業	3,000万円	7,000万円 (1,400万円)	海外・国内ともに企画旅行、手配旅行等すべての業務を取り扱える。
第2種旅行業	700万円	1,100万円 (220万円)	第3種旅行業に比べて、地域の制限なしに国内の募集型企画旅行を取り扱える。
第3種旅行業	300万円	300万円 (60万円)	地域限定旅行業に比べて、地域の制限なしに海外・国内の手配旅行を取り扱える。
地域限定旅行業	100万円	100万円 (20万円)	営業所の存する市町村とそれに隣接する市町村等に限り、企画旅行、手配旅行等を取り扱える。

(注) 旅行業協会に加入している場合、営業保証金の供託に代えて、その五分の一の金額を弁済業務保証金分担金として納付。また、金額は年間の取扱額が2億円未満の場合であり、取扱額の増加に応じて金額が増加する。

出所：日本橋くるみ行政書士事務所作成

する市町村等の限られた地域において、企画旅行[132]、手配旅行[133]等の旅行業務を営むことができます（旅行業法施行令1条の2第1項4号）。

農家民宿と地域限定旅行業の組み合わせにより、地域の特色を活かした「着地型観光」を組み込んだ宿泊サービスの提供が可能となります。

② 宿坊における農家民宿又は住宅宿泊事業の活用

寺院の一部を修行者等に提供する宿坊であっても、宿泊料を受けて継続反復的に宿泊サービスが提供される場合には、原則として旅館業法の許可を受ける必要があります。寺院を運営する宗教法人等は、農山漁村滞在型余暇活動に必要な役務を提供することで、農家民宿の規制緩和措置を受けることができます。

また、農山漁村滞在型余暇活動に必要な役務を提供しない場合には、都道府県知事等への届出により、旅館業法の規制が適用されない住宅宿泊事業を営むこともできます。

宿坊では修行体験の一環として、修行者に作務と呼ばれる日常労務を担当させることが一般的です。自ら農地を所有する宗教法人であれば、宿泊する

---

[132]企画旅行とは、予め（募集型）又は旅行者の依頼により（受注型）、旅行に関する計画を作成するとともに、運送又は宿泊サービスの提供に係る契約を、自己の計算において締結する行為をいう。
[133]手配旅行とは、旅行業者が旅行者の委託を受け、旅行者のために代理・媒介・取り次ぎをすることにより、旅行者が運送・宿泊機関等の提供する運送・宿泊等のサービスを受けることができるように手配することを引き受ける行為をいう。

修行者に作務を通じて農作業の体験の指導や農地等の案内をすることにより、農山漁村滞在型余暇活動に必要な役務を提供することができます。

なお、消防法施行令・別表第一11項に掲げる防火対象物に該当する寺院の一部で農家民宿を営む場合は、一般住宅の場合と異なり、宿泊施設部分の面積にかかわらず建物全体が16項イの防火対象物となります。他方、同様の寺院の一部で家主同居型の住宅宿泊事業を営む場合で、その宿泊室の床面積の合計が50㎡以下となるときは、届出住宅部分の消防法令上の用途は、一般住宅となり、建物全体の用途は11項のままになると考えられます（図表6－12）[134]。

図表6－12：寺院の一部で営まれる家主居住型の農家民宿又は住宅宿泊事業の比較

業の種類 規制	農家民宿 （客室床面積33㎡未満）	住宅宿泊事業 （宿泊室の床面積50㎡以下）
①旅館業法	客室延床面積要件の撤廃	旅館業法の規制は適用なし
②建築基準法	寺院又は住宅扱い	届出住宅部分は住宅扱い
③消防法	16項イ（宿泊施設部分は5項イ、寺院部分は11項に該当）(*1)(*2)	11項（届出住宅部分は一般住宅、寺院部分は11項に該当

（*1）16項イの複合用途防火対象物の取扱いは第Ⅴ章4(4)を参照
（*2）住宅に使われていた家屋で農林漁業体験民宿業をする場合、地元の消防長又は消防署長の判断により、誘導灯、誘導標識、消防機関へ通報する火災報知設備の設置を省略することが可能

家主同居型の住宅宿泊事業を営む個人や、寺院等を所有・運営する宗教法人等が、農家民宿の制度や地域限定旅行業の制度を活用して、地域の豊かな自然や文化等の観光資源を活かした「体験型」の宿泊サービスや観光ツアーを提供すること等により、地域の観光産業が活性化し、地方の創生につながることが期待されます。

---

[134] 一定の家主居住型の住宅宿泊事業における消防法の緩和規定は第Ⅳ章3(5)を参照。なお、寺院の構造によっては、住職等の暮らす家屋の消防法の用途が消防法施行令別表第一11項とは異なるケースもあるため、宿坊における消防法令の用途は、ケース・バイ・ケースで所轄の消防機関と確認する必要がある。

コラム 自治体別・民泊許可要件等の研究⑦

「千葉市」
……市街化調整区域における「体験型」民泊を推進

　2017年12月15日、千葉市の若葉区及び緑区の住居専用地域と市街化調整区域が、外国人滞在施設経営事業（以下、特区民泊）の実施地域に認定されました。千葉市の認定は、東京都大田区、大阪府、大阪市、北九州市、新潟市に続いて、全国で6例目となります。

　「緑」「里」「農」をキーワードとする千葉市の特区民泊は、同市内陸部の豊かな地域資源を活かした自然体験や農業体験を民泊とセットで提供する「滞在型余暇活動」を促進し、もって地域の観光振興を図ることを目的としています。

　実施地域に指定された若葉区と緑区は、農家数、経営耕地面積の観点から、それぞれ千葉市№1、№2の農業生産地域であり、市民農園、観光農園、直売などの施設を通じて都市と農村の交流が促進されています。また、両区は市内で最も森林の多い地域でもあり、複数の森が「里山地区」に指定され、森林とのふれあいの場を提供しています。

　豊かな自然を守るため、若葉区と緑区の大部分は、市街化を抑制する市街化調整区域に指定されています。市街化調整区域内では、ホテル等の開発・建築行為は原則として禁止されますが、この度の特区民泊の実施地域の認定を受け、千葉市の開発・建築許可等に係る審査基準である「千葉市開発審査会付議基準」が改正され、市街化調整区域に存する既存建築物のうち、特区民泊の認定を受けること等の一定の要件を満たしたものは、都市計画法上の用途の変更が許可される旨の規定が新設されました。北九州市及び新潟市でも市街化調整区域が特区民泊の実施地域に指定されていますが、審査基準に特区民泊のケースが明示されたのは千葉市が全国初となります。

　成田空港から片道20分、東京から片道40分の好立地に所在する千葉市は、海外からのインバウンド需要はもちろん、都心在住者の滞在型余暇活動のニーズの受け皿として、観光産業が大きく発展するポテンシャルを秘めた自治体といえるでしょう。千葉市近郊にお住まいの方々は、同市の特区民泊を利用して、豊かな自然に囲まれた「滞在型余暇活動」を体験されてみてはいかがでしょうか。

あとがき

　本書は、公益財団法人不動産流通推進センターが発行する月刊『不動産フォーラム21』2017年6月号から開始した連載シリーズ「民泊のすべて」の寄稿論文を基に、2018年1月末までの法改正を反映して、我が国における民泊に関連する法規制の理論と実務を体系的に整理することを目指して執筆しました。本書の刊行までに多くの方々からご指導・ご支援をいただいたことに感謝申し上げます。

　本書の執筆にあたっては、公益財団法人日本賃貸住宅管理協会（以下、日管協）のあんしん居住研究会において設置された「簡易宿所実務者研究会」の研究成果である様々な実務例を参考とさせていただきました。筆者も研究員メンバーとして参加した同研究会では、日管協に所属する会員企業が日本全国の様々な地域において、住宅施設で旅館業（簡易宿所営業）の許可申請を実践し、その際に生じた実務論点を報告・分析する活動が行われました。同研究会の研究成果は、日管協の会員企業にも広く共有され、住宅を宿泊施設化するという新たな住宅活用の道筋を示したといえます。同研究会の発足を主導された日管協の末永照雄会長及びあんしん居住研究会の荻野政男会長を始め、東京都豊島区に所在する寄宿舎における簡易宿所営業の許可申請に関与する機会をいただいた株式会社アミックスの榎和志常務取締役、東京都北区で初となるワンルームマンション1室の簡易宿所化に取り組ませていただいた株式会社アンビエントの横山健一代表取締役、その他日本全国の各地域での様々な研究成果を共有くださった同研究会の研究員メンバーの皆様に感謝申し上げます。

簡易宿所実務者研究会の研究員一覧（2016年11月時点）

会社名（五十音順）	氏名（敬称略）
株式会社アミックス	末永　照雄（日管協会長）
株式会社イチイ	荻野　政男（日管協あんしん居住研究会長）
株式会社アミックス	榎　和志
株式会社青山メインランド	渡部　尚希
株式会社アミコム	井上　和重、馬場　優
株式会社アンビエント	横山　健一
株式会社クオリスコミュニティ	小林　正宣
株式会社シティ・ハウジング	関谷　光昭
株式会社ミヨシアセットマネジメント	飯田　秀範
株式会社MJ	井部　源太
住友林業レジデンシャル株式会社	細田　大輔
日本管理センター株式会社	十河　浩一
ADDReC株式会社	福島　大我
日本橋くるみ行政書士事務所	石井　くるみ

　なお、簡易宿所実務者研究会は、日管協における「IT・シェアリング推進事業者協議会」に発展し、同協議会において、引き続き民泊を始めとするIT・シェアリングエコノミーを活用した新しい不動産賃貸業の研究が行われることが予定されています。

　本書の執筆にあたっては、旅館業法の実務に関しては、大学及び行政書士の先輩であるよこぜき行政書士事務所の横関雅彦行政書士及びEVE法務行政書士事務所の戸川大冊行政書士から、建築基準法及び消防法の実務に関しては、簡易宿所実務者研究会に共に研究員として参加されたADDReC株式会社の福島大我一級建築士、東京都墨田区における新築マンションの旅館・ホテル化の用途変更を筆者と共に手掛けられた芸術・建築設計事務所ATELIER 10TEN ARTの滝沢英樹一級建築士及び東京都台東区におけるオフィスビルの簡易宿所コンバージョンを担当いただいた西建築設計事務所の西勝弘一級建築士から多大なご指導をいただきました。

　本書第Ⅴ章の民泊合法化の実例解説の執筆にあたっては、鎌倉市に所在する簡易宿所HASE TERRACE及び墨田区に所在するマンションホテルThe SORAPIA Tokyoを題材とすることを快く承諾くださった株式会社オーモ

リの大森純子代表取締役及び不動産投資家の葛西滋規氏に感謝申し上げます。

　本書に挿入したコラム「自治体別・民泊許可要件等の研究」は、全国賃貸住宅新聞に寄稿した連載記事「自治体別・民泊許可取得のポイント」を基に執筆しました。同連載にあたっては、株式会社全国賃貸住宅新聞社の土田絵里氏から多方面にわたるサポートをいただきました。

　また、筆者が理事を務める一般社団法人不動産ビジネス専門家協会の中沢誠代表理事を始めとする同協会の理事及び登録専門家の方々に感謝申し上げます。

　本書の執筆のきっかけとなった不動産フォーラム21の編集を担当された公益財団法人不動産流通推進センターの一条幸介氏には、毎回のように字数が超過する原稿を規定ページ数に収まるようレイアウトいただくとともに、文章の詳細なニュアンスに至るまでの精緻なレビューをいただきました。

　本書の執筆にあたりお世話になった皆様に御礼申し上げるとともに、本書が民泊・旅館業に携わる読者の皆様の一助となれば幸いです。そして、大成出版社の松林伸一氏には、民泊を巡る法制度が流動的に変化する状況において、当初書籍化が困難とされた本書の企画を通していただき、以来、刊行まで一貫して暖かいサポートをいただきましたことに心より感謝申し上げます。

　　　　　　　　　　　　　　　　　　　　日本橋くるみ行政書士事務所
　　　　　　　　　　　　　　　　　　　　　　代表行政書士　石井くるみ

著者略歴

日本橋くるみ行政書士事務所代表

石井　くるみ（いしい・くるみ）

　2009年3月早稲田大学政治経済学部卒業。公益財団法人消費者教育支援センターに研究員として従事後、法律事務所勤務を経て、日本橋くるみ行政書士事務所を開設。不動産ビジネスを中心とする許認可及びコンサルティングサービスを提供している。

［所属・活動］

　東京都行政書士会中央支部理事、東京行政書士会政治連盟中央支部幹事、一般社団法人不動産ビジネス専門家協会理事、公益社団法人日本不動産学会所属。

［主な著書・論文］

　『行政書士の業務展開』（共著／成文堂／平成29年）、『不動産活用　ビジネスモデルプラン集』（共著／綜合ユニコム株式会社／平成29年）、『民泊のすべて』（月刊不動産フォーラム21連載／平成29〜30年）、『自治体別・民泊許可取得のポイント』（全国賃貸住宅新聞連載／平成29〜30年）、『民泊新法で「民泊」はどう変わるか』（共著／KINZAI Financial Plan／平成29年）、『オフィスビルやマンションを宿泊施設にコンバージョンして収益性UP！』（週刊ビル経営／平成28年）　など。

［主な講演・研修］

　『ホテル×賃貸住宅の基礎知識―インバウンド時代の新しい不動産運用』（大和ハウス工業株式会社主催／平成30年）、『民泊と地方創生―新旅館業法と住宅宿泊事業法の実務』（香川県行政書士会業務研修／平成30年）、『行政書士実務概論β』（早稲田大学校友会支援講座／平成29年）、『民泊新法成立！知っておくべきビジネスモデルと留意点』（公益財団法人不動産流通推進センター主催／平成29年）、『民泊と行政書士業務』（東京都行政書士会中央支部業務研修／平成29年）、『民泊ビジネス実践セミナー』（株式会社住宅新報社主催／平成29年）、『エリア別「民泊許可」取得のポイント』（全国賃貸住宅新聞主催／平成29年）、『民泊新法の枠組みと事業化のための許可申請実務』（綜合ユニコム株式会社主催／平成29年）、『不動産賃貸オーナーが始める合法民泊ビジネス』（不動産活用ネットワーク主催／平成29年）、『旅館業法・特区民泊の許可申請実務』（神奈川県行政書士会業務研修／平成29年）、『簡易宿所を活用した民泊への営業許可申請実務と取り組み事例発表』（公益財団法人日本賃貸住宅管理協会主催／平成28年）、『新業態ホテル開発・投資フォーラム2016－簡易宿所ビジネス研究』（綜合ユニコム株式会社主催／平成28年）、『空き家対策セミナー』（公益社団法人全日本不動産協会湘南支部主催／平成28年）、『専門家のための民泊ビジネスの法律知識』（一般社団法人不動産ビジネス専門家協会主催／平成28年）　など多数。

民泊のすべて
―旅館業・特区民泊・住宅宿泊事業の制度と合法化実務―

2018年4月20日　第1版第1刷発行
2019年3月15日　第1版第3刷発行

　　　　　編　著　　日本橋くるみ行政書士事務所
　　　　　　　　　　石　井　く　る　み

　　　　　発行者　　箕　浦　文　夫
　　　　　発行所　　株式会社 大成出版社
　　　　　　　　　　東京都世田谷区羽根木1-7-11
　　　　　　　　　　〒156-0042　電話 03（3321）4131㈹
　　　　　　　　　　https://www.taisei-shuppan.co.jp

©2018　石井くるみ　　　　　　　　　　　印刷　信教印刷
　　　　　　落丁・乱丁はおとりかえいたします。
　　　　　ISBN978-4-8028-3324-0